公路养护技术与工程项目管理研究

梁军峰　刘小栋　郭丽洪　主编

天津出版传媒集团
天津科学技术出版社

图书在版编目（CIP）数据

公路养护技术与工程项目管理研究 / 梁军峰，刘小栋，郭丽洪主编. -- 天津 : 天津科学技术出版社，2021.7

ISBN 978-7-5576-9538-5

Ⅰ. ①公… Ⅱ. ①梁… ②刘… ③郭… Ⅲ. ①公路养护②道路工程－工程项目管理 Ⅳ. ①U418②U415.1

中国版本图书馆CIP数据核字(2021)第136595号

公路养护技术与工程项目管理研究

GONGLU YANGHU JISHU YU GONGCHENG XIANGMU GUANLI YANJIU

责任编辑： 王 祯

出版：天津出版传媒集团 / 天津科学技术出版社

地址：天津市西康路35号

邮编：300051

电话：（022）23332400

网址：www.tjkjcbs.com.cn

发行：新华书店经销

印刷：北京宝莲鸿图科技有限公司

开本 787×1092 1/16 印张 9 字数 200 000

2021年7月第1版第1次印刷

定价：68.00元

前　言

近年，我国公路运输事业高速发展，公路工程作为交通运输事业之中的关键组成部分，对于人们出行方面的影响愈发变大。因此，要进一步确保公路工程的建设质量，需要在施工过程之中强化施工技术管理的力度，并做好日常化的养护，保障车辆驾驶人员等的生命财产安全。鉴于此，本书主要分析公路养护技术与工程项目管理方法。

在公路项目养护施工过程中，建设单位或施工单位若在材料方面偷工减料，有非法承包和任意缩短工期等不良的行为，就会令建筑单位和施工单位在行业中的口碑大打折扣，给单位的各方面的发展将带来巨大的负面影响。同时，偷工减料，非法承包和任意缩短工期等行为还会影响公路项目养护的安全，甚至造成重大的质量和安全事故。所以相关的监督部门要加强施工现场安全监督，这样有利于保证工程施工质量达到预期，先提高质量再提高经济效益，杜绝企业单位盲目的追求眼前利益而牺牲了更大的意义，影响企业在行业中的口碑。

首先是加强对养护现场，甚至整个养护过程的管理与控制是养护质量控制的重点内容。其次要做好对施工单位的选择，建造公司应制定一个心理价位，在质量审核阶段，由建造公司进行评审打分，形成质量和价格并重。再次在养护工程的实施阶段，积极采用 PDCA 工作法。第一步是计划，包括明确施工对象所出的问题，发现问题就要及时记录上报；分析原因，明确产生公路养护管理问题的主要原因；制定对策，注意是由技术人员小组制定应对措施。第二步是实施，养护人员要参与到养护技术工作之中，也可参与到一般性的养护监理工作中去。第三步是检查，公司养护部应按照检查情况。第四步是处理，总结经验，改进质量，并将改进措施落实完毕。

公路项目养护工程管理问题不仅仅是质量问题，更是一个民生问题，关系着人民的幸福感和获得感，因此绝对不能忽视。在公路项目养护工程管理改进中，要着重转变思想，完善招投标制度建设，促进公路养护管理行业健康有序发展。

目　录

第一章　公路养护技术的理论研究

第一节　公路养护技术要点

近些年来，我国各地城市化进程不断加快，公路建设步伐加快，在经济快速发展的背景下，人们越来越重视养护技术的应用。只有做好养护工作，才能保障公路的质量，保证车辆的正常通行，促进交通经济的进步和发展。

在公路施工过程中，会涉及城市建设的多个方面，也对城市居民的生产和工作带来一定影响，公路建设、养护参与人员，必须认真研究和探讨相关的施工技术，提高技术革新能力以及新技术的应用水平，使公路建设做到又好又快，才能更好地服务当地城市化发展需求，为人民平安出行创造良好条件。

一、养护难点分析

公路的施工涉及的范围比较广泛，主要包括城市布局结构、土地利用结构、空间布局等，其中公路的更新与调整，因涉及的诸多复杂因素，一直是城市建设和规划一个难题。再者，公路的建设周期都比较长，涉及的施工技术和施工环节也较为复杂，因此，必须对公路建设充分的重视，不仅确保良好的施工质量，还要尽可能采用先进施工技术，尽最大限度的缩短公路施工周期，客观认识公路施工中存在的难点问题，才能更好地做好公路施工工作。

目前，公路养护存在诸多难点。

公路附属的各种设施，随着时间的变化会受到自然环境及人为因素的影响和作用，发生老化、磨损、损坏，这些都会影响公路体系的美观，导致公路老化或者易损。

随着城市化进程的不断加快，车流量增加、载重量超负荷等通行情况的变化，都需要相关建设部门和管理部门对相关的公路设施或标识进行更新或改进。但相关职能的不落实，也导致市政公路相关设施的功能不能满足发展的要求，从而为公路车辆、人员通行埋下安全隐患。

再者，地区经济的快速发展，城市产业结构的调整与优化，使得原有的公路结构无法满足城市发展的变化，进一步导致公路结构老化。

二、路面日常养护内容

路面清扫。定期进行路面清扫的主要目的是：保持公路整洁、净化公路环境和防止由于散落物、路面垃圾等引起交通事故等。公路路面清扫的频率主要通过公路交通量大小和公路状况等影响因素来综合确定。通常情况下，对于沥青路面的清扫，除了要进行日常的清扫工作外，还需要根据其路面的污损程度来采取定期的特殊清扫。如果公路路面上存在阻碍车辆正常交通的杂物或者障碍的时候，需要及时地对其进行清扫处理。特别的对于受到化学物品或油类物质污损的路面，清扫的时候，应首先撒木屑、撒沙或者用化学中和剂进行中和处理，等过一段时间后，再采取清扫处理。

桥梁清扫。公路桥梁清扫的内容包括桥面、支座、栏杆、伸缩缝和排水设施等。对于桥面需要进行定期的清扫，以确保桥面的整洁度。夏季在下雨后需要对桥面的积水及时排除；冬季在下雪后需要及时将桥面的积雪和冰层处理掉。对于桥面清扫的方法和频率和路面一样。

其他设施的清扫。对于公路路肩两侧和中央分隔带内的垃圾和杂物也需要进行定期的清理，以保证路面的整洁。如果标志牌面、交通标志及标线受到污染物的污染后，需要进行及时的清扫处理，以保持警示标志的干净、清晰、醒目。公路的防眩板、防撞保护栏等道路基础设施也需要定期进行清扫处理，以更好地维护道路的整洁。此外，对于公路的排水设施要特别注意进行定期的清理和疏通，确保排水功能性能良好。

三、公路养护技术要点

重视公路基础性施工技术。在公路施工过程中，施工技术对公路施工质量有着重要的影响。尤其公路的路基、管道、排水等公路的基础施工，如果不能做到严格按相关施工规范、设计要求等进行施工，对公路的后期建设质量影响重大，也会给后期公路维护增加诸多难度，甚至会导致公路的通行性能下降。因此，在公路施工过程中，必须重视施工相关的基础性工作，严格把控路基、管道、排水等施工质量，发现质量问题，及时给予处理，防止施工质量隐患时一步扩大，也为后期公路施工有序进行、缩短施工工期等提供保障。

重视信息技术的应用。为了保证公路施工效率和施工质量，高效开展公路施工管理，就需要在施工管理中重视信息技术的应用。比如，通过建立完善的公路施工管理信息化系统，可以较好地提高公路施工中相关管理的工作效率。通过对公路施工过程中施工时间节点、费用支付、公路阶段验收等相关记录的和数据的信息化管理，对于施工管理人员依据相关信息和数据，准确把控施工流程，详细了解施工质量、施工成本、施工进度等，有条件的地区，还可以通过利用相关地理系统，对公路施工环境、气象条件等开展仿真模型建立，从而更加真实的、更加直观了解公路建设施工环境。也可以结合多方面信息数据，科学选取施工材料、施工设备、优化施工技术等，从而对公路顺利施工、科学施工提供良好的帮助。

重视公路施工病害防治技术应用。公路施工质量的好坏，直接影响公路的通行能力和使用寿命。因此，施工过程中，为了严格公路施工过程管理，应需要建立相关的施工技术管理团队，严格按照设计要求开展施工管理工作。同时，在后期养护工作，也需要求及时发现公路存在的病害，如果发现路面有严重车辙或者路面塌陷，就需要相关工作人员第一时间对路面进行养护与补救，防止公路病害的进一步扩大，对公路通行造成严重损害，进而提高公路通行的安全性与稳定性。

四、沥青路面养护技术

沥青路面日常养护技术的注意事项。沥青路面进行日常养护的主要目的是确保公路路面平整度、线形顺直、横坡适度、路容整洁、排水状况良好。路面巡查的重点是对路面状况进行详细的调研，一旦发现路面存在潜在的危害，要及时进行处理。在路面养护作业过程中，要杜绝各种铁轮车或履带车等直接在路面上行驶。如果不得不过路的话，必须要采取一定的路面保护措施（如垫钢板等）才可以通过。

沥青路面的季节性预防养护与维修。春季应该做好沥青路面各种裂缝(温度收缩裂缝等)的维修，通过使用春融翻浆防治器材和低温春雨养护材料对路面的松散、翻浆和补坑槽等病害进行及时的补救(维修)。鉴于夏季气温较高，对于路面的养护十分有利。因此，需要掌握在高温下智力泛油，铲除波浪、拥包及修复破损的应用技术。秋季气温逐渐地降低，路面维修要注意做好天气预报，抓紧完成公路预定的工程量。冬季，路面应该主要做好季节性病害(如防水、防雪、防滑等)的防治。

水泥混凝土路面养护技术。

（1）水泥混凝土路面的日常养护。水泥混凝土路面的日常养护内容主要包括定期清理中央分割带内的垃圾和杂物，对公路路面上的砂子、石子，泥土、垃圾和污染物等进行清扫等。雨季要注意路面的排水；冬季要注意路面积雪、冰块的清理，切实保证路面和路肩两者之间衔接平顺，横坡恰当。

（2）接缝保养及填缝料更换。要切实注意填缝料填充与铲除的季节性和时效性，以确保接缝处的质量和路面的衔接过渡的平滑性，避免车辆在接缝处发生颠簸。如在接缝变大，气温下降，有空隙的时候，适宜在当地气温达到最低的时候进行填料灌缝作业；在气温上升，填缝料被挤出时，需要及时对凸出的填缝料进行铲除，避免出现泥土、砂子及石子挤入缝隙造成缝隙填充不充实的现象。一般情况下，填缝料需要 2 ~ 3 年更换一次。

综上所述，公路路面养护是一项复杂、系统的工程，由于内容多、范围广、要求高，对养护人员的考验也较大。在实际养护的过程中，需要不断总结工作经验，针对公路路面具有的不同特点，制定相关的养护方案，保证公路施工质量，进而保证公路行车的安全性、稳定性。

第二节　公路养护技术方案优化

随着我国科学技术的不断进步，社会经济的突飞猛进，我国的交通运输行业也在近几年有了较快的发展，公路建设开始大规模兴建。随着人们生活水平的提高、对公路利用率的增加，其对公路的质量也有了新的要求。而公路的养护工作则是提高公路质量的有效方法，现如今，提升公路养护技术势在必行。文章对公路养护技术方案优化与实施进行了分析探讨，仅供参考。

随着我国社会经济的不断进步，人们的生活水平有了质的飞跃，交通运输行业更是发展得十分迅速。公路的修建越来越多，而对于公路的质量也有了更高的要求。由于公路的质量与人们生命安全息息相关，所以这也成为人们较为关心的问题。想要将公路的养护工作做好，就需要采用有效的养护方法和养护技术，与此同时，对公路质量要求的不断提高，还需要不断提高养护技术，从而更好地运用到公路的养护工作中，使得公路的质量有所保证。

一、公路养护新技术应用方案的综合性选择

公路养护要对技术方案进行优化和选择，在实施的过程中要确保技术合理、可靠、先进。要根据具体情况制定相应的方案，如工程路段占据中心位置，在养护中还需要考虑交通运输情况，在确保交通顺畅的情况下可以更好地开展公路养护工作。另外，对于新材料和新工艺，要进行分析和利用，通过有效的控制管理使新材料新工艺能够科学有效的利用。还要进行合理的经济分析，最终确保养护技术方案能够顺利执行。因为每个地方的情况不同，路况也不同，所以要具体问题具体分析，根据实际情况做出合理有效的方案。只有这样才能将方案的作用彻底发挥出来，从而保证施工的顺利。

二、公路养护技术要可靠、合理、先进

公路养护在技术方案优化选择上，必须讲究实际性，要根据实际情况制定出合理有效的方案，从而提高方案的可行度。在方案制定之后，具体的实施中还要有合理、先进的技术以及施工管理，保证方案的有效进行。在施工中，要对物质的消耗进行准确的衡量，并尽量在施工中降低物质消耗，缩短工艺流程，提高施工效率。

一旦公路养护技术方案得到合理优化，无论是对工程的效率而言还是对工人的工作强度而言都十分有益。方案的优化，会使得公路的养护更加科学化、合理化，施工方法会更加科学，施工的成果事半功倍。对于工人而言，优化的施工方案会有效降低工人的劳动强度，减少工人的疲劳度，使工人的工作态度更加积极。

合理优化公路养护方案需要考虑的问题是多方面的，并且要将方案与技术模式妥善相

结合，提高其项目的综合管理水平。在技术上要有较高的要求，在保证技术先进的同时，还要保证经济上的合理。在方案执行的过程中，要对质量、成本、效益等多方面综合考量，待将这些因素都有效结合后，制定出的公路养护方案，才可以说得到了有效优化。公路养护的质量和实施方案都需要充分利用新技术，从而保证工程效率得到有效提升。公路养护技术要可靠、先进、合理，在稳定中利用全新的科学技术，并与现有的工程有效结合，将方案的优势充分发挥，这才能够真正在实施中体现出其价值所在。

三、技术方案经济优化方法

公路养护工作要充分利用新技术和新工艺，有效地将二者紧密联系在一起。对新材料新工艺的选择也十分重要，在提高公路技术优化方案的同时还可以使公路管理的综合模式得以优化。公路养护还需要有技术、有经验。将这两个方面有效分析，并充分结合，不但可以提高工艺水平，也能够将新材料有效地利用其中，将整个技术方案有效落实。有效提高管理水平，是公路养护中重要的环节。而如何提高管理水平，一直是十分重要的问题。从新技术、新工艺、新材料的综合管理出发，从而提高工程质量的控制水平，有效地将公路养护工程的质量管理水平提高上来。根据实际情况，选出合适的材料，并有针对性地对其进行优化，并进行结构性分析，使公路养护能力提升显著。想要使技术方案不断优化，在材料选择上进行有针对性的分析，比如可以提升混凝土的强度，使浇灌工程更科学，更有成效。由于公路养护涉及的技术和资源较多，所以还要将这些技术和资源有效整理、结合，有效推动施工的发展，在提高工程质量的同时，还能将工程方案有效结合，充分利用其优化的方案。

四、新材料应用的技术经济比较分析

在公路养护的实际过程中，对新材料的选择和利用，要进行全面的可行性分析，考察该材料是否能够有效的被利用在养护的过程中。并根据新材料的特性，与方案进行对比研究，从而保证新材料在不同的工艺上都能够被充分利用。由于每个地区的公路情况不同，所以在新工艺的运用上不能够一概而论，要找出因地制宜的方法来制定方案并施工，取得较为理想的成果。

对技术方案进行全方位的分析可以确保公路养护技术方案的可行性和有效性，对于技术的基本原理也需要经过全面的分析和处理。要从多个角度，多个层面进行分析，从而提高该技术的综合管理水平。在充分利用新工艺新材料的同时，还要对其进行全方位了解，不但要从工艺等方面考虑创新性，还要充分考虑所消耗的费用。根据方案比对，与其他几种材料工艺进行优劣对比，再从经济消耗上充分计算，选择性价比较高、工艺较好的进行应用。这也能够为新技术的实施营造出更好的环境和条件。

五、公路养护技术方案增量投资分析

经营成本是公路养护过程中需要重点考虑的问题之一，公路养护中还需要对方案的增量进行合理分析，并最终全面运用。增量与方案要合理结合，从而更好地优化实施方案，提高方案的可行性。方案能够得到较好落实需要有良好的内部条件和外部条件，想要提高整个施工工程的整体管理水平，同样需要技术方案能够着眼于经济利益，最大限度地提高技术方案的可行性。通过利用良好的增量方案，可以妥善降低公路养护的成本，并能够提升技术水平，为公路的养护工作提供了较好的环境，使公路养护的质量得以提高。

公路养护技术方案的优化需要从几个方面进行综合性的分析与实施，在方案优化中，工作人员需要充分利用新工艺、新材料、新技术，从而制定出较好的公路养护技术方案。内部条件和外部条件的充分利用，能够营造出良好的公路养护环境，创造出较好的经济效果，从而使公路养护工作更加顺利。同时在养护工作中还要考虑到每个地方的实际情况，由于每个地方的路况不同，所以要因地制宜地采取合理的工艺与技术、材料来施工。要将材料与工程设备紧密结合，充分结合，从而提高工程效率。工程类型和工程设备要采用行之有效的施工方案，制定出合理的实施方案。文章针对公路养护技术方案的优化与实施问题进行了具体的分析与总结，并提出了相应的解决对策，希望能够给相关工作人员带来一定的借鉴意义。

第三节　公路养护技术发展趋势

目前，我国在公路养护方面存在一些问题，如管理手段与方法较为落后；养护设备依赖进口，从国外引进的技术、设备多半是国外淘汰下来的产品，而国产设备虽然技术性能可圈可点，但大多缺乏独立自主知识产权。从客观角度来讲，这些问题的存在为我国公路日常养护工作以及养护技术水平的提升竖起了一道无形的屏障，限制了公路养护技术的提高。本文将针对这些问题提出解决对策，并通过实证案例验证管养对策的可行性。

一、公路养护概述

在公路实际运营过程中，公路养护是至关重要的环节之一。公路建成通车后，随着其使用年限的不断增加、自然因素及人为因素的影响，公路质量必然会出现一定下滑。通过公路养护，能够推延公路质量下滑的时间，使其在一定时间内依然保持较高的质量，为交通运输提供保障。在公路养护管理过程中，要对相关设施进行协调并控制，从而实现资源优化配置，让公路运营服务始终保持较高的水准。

二、公路路面主要病害类型分析

在我国大多数公路都是沥青公路，其主要病害类型包括以下几个方面：①裂缝。横向裂缝是所有裂缝病害当中最为常见的一类，在半刚性基层沥青路面当中较为常见。横向裂缝又可分为荷载性裂缝与非荷载性裂缝。其中荷载裂缝主要是由于车辆超载或施工质量不达标所致；非荷载裂缝主要是由于沉降、沥青混凝土温缩所致。纵向裂缝也是较为常见的一类裂缝。之所以会出现纵向裂缝主要是由于在沥青面层分段摊铺时相关工艺为实施到位，长期受车辆负载及环境因素影响便会逐渐开裂。②车辙。车辙是较为常见的沥青公路病害之一，表现为路面沿车道方向出现横向高度差。导致车辙的主要原因包括材料设计不合理、基层稳定性不够、行车荷载反复作用等。③沉陷。路面沉陷主要是由路基填料压实度不够所致。同时，路面排水不及时或路基过于潮湿，也会造成局部下沉。④坑槽。坑槽是路面网裂、松散进一步发展所致。当路面出现网裂后，由于维护工作不够及时，再加上雨水的渗透、侵蚀，容易形成坑槽。另外，基层强度不足时会造成路面断裂，也会产生坑槽。⑤表面磨光。表面磨光主要是指沥青路面本来的构造出现衰退造成路面光滑。其主要原因是由于公路长期运营过程中，车辆荷载反复摩擦所致。其本质原因是矿料级配不当、细集料过多。⑥水损害。水损害主要是由于沥青公路内部排水结构设计不当所致。由于路面不能及时排水，水分可能从路面表层渗透至结构层当中，在长期温度缩胀及车辆荷载作用下便会出现水损害，使结构层受损。除沥青公路外，混凝土路面也会出现裂缝、车辙、沉陷及水损害等病害，需要采取一定措施修复。

三、加快公路养护技术发展的对策

公路养护是一项长期性的工作，根据我国同发达国家在养护技术方面差距的存在，就需要我国能够积极努力，通过科学对策的应用提升我国的公路养护技术水平，其具体方式有以下几点。

第一，加快养护管理体制建设。对公路养护管理现代化进行实现可以说是我国养护事业发展的关键内容，通过科学、高效现代化管理体制的建立，能够对现代化养护生产方式的效益以及质量做出保证。要想真正实现跨越式发展，就需要加快公路养护体制改革步伐，积极建立起信息化、科学化且具有高效运行特征的管理体系，积极开发出能够同我国国情相符合的管理系统，对路面分析、评价以及监测的自动化与动态化目标进行实现。同时，要积极建立起能够同现代养护技术相适应、具有良好完善特征的技术规范体系，在规范化实现公路养护管理的同时对我国公路养护管理部门的服务意识以及管理职能进行强化。

第二，加强养护技术研究。要深入开展公路养护技术以及相关理论的研究，通过专门养护技术管理部门的建设对国外先进的公路养护管理技术以及养护关键技术进行研究，形成能够同我国国情相符合的养护理论体系，在此基础上对我国公路养护行业的具体实践进行指导。同时，要对国外先进的公路养护信息进行收集，对公路养护行业当中所需的技术人才进行培养，定期开展具有较高技术水平的评价以及技术交流会议，通过公路养护行业学术感悟的出版，希望能够对我国公路养护技术的进一步发展起到积极的促进作用。

第三，培养专业人才。在公路养护工作当中，人才的作用十分关键，对此，就需要能够以高等院校为依托，成立起公路养护管理与技术培训学院，以此为我国公路养护行业以及管理部门具有较高水平的专业人才进行培养。同时，要想真正实现我国公路养护技术水平的提升，不仅需要技术人才的培养，且需要更多的高级管理人才，而这同专门的机构以及学院成立具有密切的联系。

第四，开放公路养护市场。要对公路养护市场进行全面开放，面向社会建立起竞争有序且统一规范的工程市场。通过对公路养护市场的开放，对公路养护不仅能实现管养分离，使养护部门能够集中力量对道路状况进行履行，而且能够在实现公路管理水平提升的基础上对公路养护管理的现代化目标进行实现。同时，通过该目标的实现，能够对全社会的技术、人力以及财力资源进行利用，以此对我国公路养护技术的快速发展进行推动。作为政府部门，也需要在联系我国国情的基础上对市场给予一定的扶持政策。

第五，建立养护技术发展基金。要对公路养护技术专门发展基金进行建立，在有限的基金条件下引进公路养护关键技术，并对这部分技术在充分吸收的基础上进行创新。在国家科技开发资金当中对一定比例进行提取将其作为我国公路养护技术的发展基金。通过该种方式的应用，则在利于我国公路养护技术发展的基础上实现我国养护技术效益以及水平的提升。

公路养护保证公路质量的基本工作。为进一步推动公路养护事业发展，不仅要加强技术研发，还要重视人才及市场管理，逐渐形成一个良性的发展体系，为公路交通运输提供保障。

第四节　高等级公路养护技术与设备

对高等级公路的养护技术措施进行了阐述，包括对高等级公路的养护范围和养护性质进行确定、对机械化的现代公路养护专业队伍进行构建等。论述了高等级公路养护机械的未来发展趋势，包括对薄冰、雪进行综合清理的设备，对水泥路面进行综合养护的设备等。

针对高等级公路的施工阶段和运营使用阶段，我国均对其提出了非常严格的要求。在高等级公路投入使用一段时间后，因受环境因素、车辆超负荷通行因素等的影响，公路路面会出现不同程度的破损。因此，在对高等级公路的运营使用过程进行更为严格的监管以外，还要对高等级公路路面进行合理、科学地养护，以有效提高公路路面的质量，避免因公路路面基层的承载能力影响公路路面表层。为对路面的使用安全性进行有效提高，对公路养护过程的成本进行有效降低，本文对高等级公路养护机械与养护技术进行深入研究，具有重要意义。

一、高等级公路的养护技术措施

对高等级公路的养护范围和养护性质进行确定。针对不同等级的公路工程，其各自均具有相应的使用标准，它们之间存在着一定的区别，如路面的平整度、路面的承载能力等。目前，在高等级公路施工过程采用先进的技术进行机械化作业，能够将公路的建设任务较为迅速地完成。特别是公路路面的施工，通过采用一体化作业模式，能够对路面接缝处的承载能力的差异现象进行有效避免。在对高等级公路进行养护时，一定要将有关建设标准作为主要依据，路面在养护完成以后，一定要能够恢复到原来的标准，同时要有效提高路面的承载能力，使其达到设计的等级。和常规的公路相比，高等级公路的舒适程度交通行驶速度存在一定的不同，相应地，高等级公路应选用适合本身的养护方法。在进行养护前期准备时，应详细判断公路的等级，使其成为公路养护工作开展的重要依据。一般来说，高等级公路的范围规模都是比较大的，应分段进行养护任务，且有效维修养护磨损严重的路段。在不同路段路面出现不同程度的磨损情况时，如果选用整体养护方法，则养护成本会比较高，造成比较严重的浪费，同时还会严重影响车辆的正常通行。针对磨损比较严重的路段，宜选用重铺的方法，以此对公路的使用安全性进行有效提高，能够在较短时间内快速恢复路面的正常通行。

对机械化施工的现代公路养护专业队伍进行构建。为有效培养养护专业人才，应从两个方面着手进行，即提升养护工作人员的实践工作能力、培养养护工作人员的专业理论知识。其中，为有效提高养护专业工作人员的素质，可以定期举行专业技能评测，鼓励全体人员积极参与，同时应将具有实际意义的内容作为主要考核内容，以便对高级公路养护人员的专业技术水平进行有效检测，判断其是否已经达到先进水平。同时在购进新的养护机械设备后，应组织工作人员对机械的操作方法进行提前学习，待其掌握这些操作方法以后再有效带动其他技术人员进行深入学习，这样才能够在高等级公路养护过程中，顺利进行机械化施工作业。在管理养护专业人才方面，为提高工作人员对先进技术方法学习的主动性，宜采用应聘上岗的模式，在技术岗位中形成良性竞争。针对机械化的公路养护队伍的构建，需要较长的时间，高等级公路养护管理人员应能够对人力资源进行科学调动，不断提高养护队伍的实战能力。同时还应选用分段模式来开展公路的养护任务，以便快速完成公路养护的质量检测。通过有效比较养护标准和实际养护检测结果，能够对公路养护结果检测的作用进行充分发挥，能够对养护队伍的工作能力进行有效检验。

完善公路养护体系。在运用高等级公路养护技术时，应制定完善的工作计划。目前，我国现行的高等级公路养护体系存在较多的问题，没有标注详细的养护流程，没有对养护间隔周期进行有效明确，严重降低了养护工作的有效性。另外，公路在使用过程发生的问题，不能够对其进行及时解决，进而对公路的正常使用造成严重影响。应根据公路建设的不同层次，有效开展高等级公路养护体系的构建。在对公路进行养护之前，应详细检测公路的质量和安全，对其存在的安全隐患问题进行正确判断，同时将由现场获取的勘察结果作为主要依据，对路面结构受损原因进行深入分析。在对公路进行养护的同时，还应运用有效的预防控制对策，以有效延长高等级公路的安全使用时间。

二、高等级公路养护机械的未来发展趋势

对薄冰、雪进行综合清理的设备。通过选用综合清理设备，可以有效分离路面和薄冰，然后利用清扫功能清理干净所有的破碎薄冰，以能够使路面的养护需求得到满足。当大量的薄冰、积雪堆积在高等级公路表面上时，车辆极易发生打滑现象，严重影响行驶车辆的行驶安全。在满足清理要求的基础上，路面清雪综合设备还应对路面遭受破损现象进行有效修复。

对水泥路面进行综合养护的设备。通过利用综合路面养护设备，能够有效融合检测技术和维护技术，进而有效避免传统养护模式中对很多机械设备进行利用现象，整个养护过程变得更为简单。目前在设计综合设备时，尚不能够完全确定综合设备的使用功能。在设计设备的过程中，应将水泥路面经常会发生的问题作为主要着手点。目前在技术方面，一体化综合养护作业是一大空缺。为了对高等级水泥路面公路养护工作的工作效率、工作质量进行有效提高，一体化设备一定是未来养护技术的重要发展趋势。

对沥青路面旧料进行再生的设备。目前，高等级公路施工中主要利用的材料就是沥青。随着我国汽车数量的不断增多，沥青路面磨损程度变得越来越严重，尽管重铺沥青路面可以使公路使用效率得以满足，却对养护资金、养护时间造成了严重浪费。假如能够使用旧料再生设备在原有路面的基础上实现对路面的快速养护维修，通过再加工旧沥青材料重新利用，能够对养护时间进行有效降低，同时节约养护资金。随着沥青材料使用需求的不断上升，目前的养护设备和养护技术已经无法满足需求，所以在未来，沥青材料再生设备势必也是一大重要发展趋势。通过更新设备的设计观念，落实设计观念，提高高等级公路的运输效率，同时有效提高养护工作的效率。

当前我国正在对其相应的设备进行研发，即通过对非接触式检测手段或者接触式检测手段进行利用，以有效诊断道路的结构层病害。对高等级公路养护体制进行快速改革，对高专业、高素质的公路养护队伍进行构建，对所辖区段的公路养护任务和维修任务进行全力承担，能有效提高公路的使用状况，能够对高等级公路养护体系进行不断完善，使高等级公路的养护变得更为安全、科学、有效。

第五节　基于 CPMS 技术的公路养护技术

经济的迅速发展导致车流量越来越大，这样的现象使我国公路养护部门进行公路养护的压力越来越大。因此基于 CPMS 技术，提出一种新的公路养护技术，利用其对公路桥梁、

公路路面松散的情况以及公路路面裂缝的情况进行养护。通过实验与传统公路养护技术进行施工日期对比，发现这种新的公路养护技术能够提高公路养护效率。

经济的迅速发展导致我国汽车数量节节攀升，因此我国国道干线与省道干线等公路的路面承受的交通流量压力十分巨大，这样的现状迫使我国公路养护部门不断进行道路养护措施的改革与技术层面的革新。由于我国实施了燃油税的改革，公路养护资金已改为由中央财政预算进行拨款，这也使得我国公路的科学养护备受社会各界瞩目。我国公路管理养护部门必须制定有效的、预防性的公路养护计划并提高公路管理水平和质量，才能使公路这个最基础的公共设施更好地服务于社会大众。

CPMS 技术是由我国自主研发的，该技术的全称是 Pavement Management System for China highways，也就是国省道干线公路路面管理系统。CPMS 技术是一项根据路况情报、通过系统化、工程化的收集方法来相应的作出判断对策的公路管理系统，是在新型设计理念下进行设计的并且仍在发展中的新技术。该公路管理系统对地理信息系统进行了引进，通过电子计算机对现有路网进行预测。由于传统的公路养护技术存在养护效率低的缺陷，为此基于 CPMS 技术，提出一种新的公路养护技术。

公路桥梁养护。基于 CPMS 技术设计一个新的公路养护技术，该技术综合了电子计算机技术、地理信息系统、全息模拟动态系统与各种公路养护的施工技术。通过新的公路养护技术对公路的各种部位进行养护。

公路桥梁在我国公路的构成中占据着独特的地位，在我国交通事业的发展过程中也起着不容忽视的作用，展现出了非凡的价值。然而在公路桥梁的实际运行中存在着很多问题，例如容易出现车辆超载等。除了人为因素，周围的气候与自然环境对公路桥梁也有着很大影响，最主要的是会对公路桥梁的安全性与稳定性造成影响。所以在进行公路桥梁的养护时需要从公路桥梁的实际状况出发，结合新的公路养护技术，从而形成较为完善的公路桥梁养护机制。在实际公路桥梁进行养护时需要准确把握公路桥梁的维护管理机制，从根本上提升预防性养护的管理质量与水平，提升公路桥梁的使用寿命，保持公路桥梁运行状态良好。

在利用新的公路养护技术对公路桥梁进行预防性养护的过程中，需要从业工作人员积极提升自身的工作技能。从预防性公路桥梁养护技术的基本要求来讲要想提升桥梁的养护水平，就要注意桥梁的结构，积极排查该结构下可能出现的各种安全隐患，随时对其进行复查。同时也要定期对该桥梁的实时使用状况进行重点了解与分析，并将桥梁的使用数据记录下来，然后要把该桥梁的相关使用数据进行整合处理。只有这样才能为以后的桥梁养护工作提供数据支持与合理依据，从而形成适合该桥梁的养护方案与计划，为以后该桥梁的养护工作打下坚实的基础。

公路路面松散变形养护。公路的沥青路面通常经过一段时间的使用后，在气候因素与车辆荷载的共同作用下之下，会产生松散变形的情况。沥青路面松散变形情况的形成通常可以从两个方面进行分析：一方面是公路施工过程中的质量控制与管理不够到位，遗留下了质量隐患；另一方面是公路的施工完全完工后沥青路面受到排水工程、气候变化与车辆荷载等客观因素的影响，使公路的沥青路面结构被破坏，出现松散变形的情况并不断扩大。

其中公路路面松散类病害主要包括沥青路面材料松散、剥落等病害，而这些病害产生的原因多种多样。例如由于公路的路基本身承载力不足，导致路基出现不均匀沉降的情况，最后导致路面材料松散。也可能是由于公路沥青路面使用时间过长，路面材料随着时间风化导致路面材料松散，或者是由于公路沥青路面本身排水系统设计得不够合理，雨水积存，排水不畅，沥青路面水破坏现象严重，从而造成沥青材料的剥离。公路沥青路面变形类病害是由于沥青路面发生结构变化所导致的，其中常见的公路沥青路面变形类病害有沉降、车辙等。公路沥青路面产生变形类病害主要有以下原因：可能是由于公路沥青路面在进行施工的过程中质量把控不够严格，特别是公路施工过程中原材料拌制质量不合格或者沥青混合料的配比不够合理，这样公路在自然因素影响下与车辆荷载的重力作用下就会产生路面变形的情况；或者是由于公路沥青路面在使用运行的过程中由于交通流量过大而承受过大交通压力，例如由于车流量过大而导致的车辆超载等原因，当公路路面承受的重力超过沥青路面所能承受的极限，就会出现公路路面永久性变形的情况。因此通过新的公路养护技术，对公路路面及时进行预防性养护。

公路路面裂缝养护。伴随着公路投入使用时间的不断增加，公路路面会慢慢产生一些细微的损坏，最终会造成公路路面产生裂缝。在公路路面产生裂缝的初期，这些裂缝对车辆的正常运行不会产生很大影响，因此人们对其关注度并不高。然而在温差的日夜变化、持续的荷载与雨水的渗透等因素的影响下，路面裂缝的破损速度会加快，导致公路路面裂缝越变越大，最终降低公路路面的承载力并在一定程度上影响到车辆行车安全。

公路路面裂缝种类主要包括横向与纵向裂缝、块状裂缝与龟裂等。利用新的公路养护技术，针对公路路面的裂缝进行灌缝材料和施工处理等。在选取公路沥青路面的灌缝材料时要对灌缝材料的质量进行严格把控。对公路路面裂缝进行预防性养护时，最常见的路面灌缝材料是改性沥青以及乳化沥青。在使用改性沥青来维护公路路面裂缝时，需要满足公路路面裂缝深度大于 0.1m，宽度大于 1cm 的条件，通常采用分层灌注的方式进行灌注。在进行上层灌注时的必要条件是使用强度模量较大以及黏结性较强的沥青。在进行公路路面灌缝预防性养护时通常会利用热油来保温以及加热，同时会加入一些细砂，从而产生沥青砂浆。而乳化沥青则是利用慢裂或中裂阳离子产生。乳化沥青独有的特点是环保以及节约能源。在使用乳化沥青进行预防性养护裂缝时，由于乳化沥青的特性可以使施工不受潮湿以及低温等天气的影响而随时可以进行。

在进行公路路面裂缝预防性养护时，当路面裂缝种类与以上介绍的裂缝种类规格不同，也就是规格较小时，就不需要进行预防性养护，只需要进行施工处理，具体步骤包括：首先在路面裂缝处挖掘出一个 U 形的凹槽，然后在凹槽灌入预防性养护材料。该凹槽开槽的尺寸与宽度必须结合路面裂缝的具体尺寸来确定，其中宽度比例一般是 1 ： 1.2 ~ 1.5。在公路路面裂缝的预防性养护中也要确保注浆压力的合理，通常注浆压力会伴随填充范围的增大而扩大。在操作中需要注意的是，随着注浆压力的增大有可能会产生浆液流失以及路面抬升等问题。通常注浆的压力范围会控制在 1.2 ~ 1.5MPa。其中注浆压力是与孔深成正比的，注浆压力越大，所需的孔也就越深。当公路路面出现特别严重的纵向裂缝以及网裂时，由于路面裂缝的深度很有可能会影响到整个公路沥青层面，这时就需要施工处理与裂缝预防性养护共同进行。

CPMS 技术作为一种优化公路养护决策的管理方法，可以使有限的公路养护资金发挥巨大的社会效益与经济效益。将通过 CPMS 技术提出的新的公路养护技术运用在公路管理养护上，是对现代化、规范化与科学化管理要求的实践。新的公路养护技术主要是通过应用电子计算机技术对公路的路面平整度、破损度、抗滑性以及弯沉性进行探测以及记录并以路面结构和交通量等原始数据为依据，对公路路面状况进行综合性评价，从而方便公路管理养护部门进行更高效的公路养护施工。将新的公路养护技术应用于公路路面养护一定可以在短时间内就取得显著成效。

第二章　公路养护技术创新研究

第一节　高速公路养护监管技术创新

我国自1989年第一条高速公路修建到2018年底，高速公路里程超过13万千米，位居世界第一。高速公路发展规律表明，随着布局合理、功能完善的公路网基本形成，公路发展重点应逐步转向加强养护、规范管理、提升服务以及完善路网支撑系统。而高速公路养护监管的技术创新及其应用，对于提升高速公路养护监管的技术水平和养护效果举足轻重。

为贯彻落实国家、交通运输部有关养护新技术、新材料、新工艺的要求，充分发挥高速公路管理机构在养护技术、养护规范等方面的指导作用，依据《公路养护技术规范》，联合高速公路经营单位，结合高速公路养护作业的实际特点，为加强高速公路养护、保障高速公路经常处于良好的技术状况提供帮助。

一、高速公路养护总体技术要求

制定养护巡查和检查制度，并按照养护技术规范要求，进行养护巡查和检查。

高速公路实行经常性、及时性、预防性和周期性养护，保障高速公路经常处于路面平整，路肩、边坡平顺，桥涵、隧道构造物及沿线设施完好，标志、标线保持齐全、规范等良好的技术状态。

高速公路经营管理单位应当每季度评定一次高速公路技术状况指数（MQI）。高速公路技术状况应当达到《公路技术状况评定标准》规定的良以上等级。高速公路养护文件、台账、巡查记录、检查记录、交通情况调查、路况基础数据等按照规定分类、归档。

为了综合衡量公路养护质量，除统计“好路率”指标外，还采用“加权平均方法”求得“养护质量综合值”以便比较。

日常养护管理应采用指数考核、指标管理。土建和交通安全设施工程考核应采用综合养护指数和国际平整度指数双控指标。

二、引进高速公路养护施工现场可视化实时视频监控技术

高速公路养护存在着点多、线长、面广、投入巨大的特点。为保证高速公路养护的质

量和规范化作业，现场巡查需要一定的时间，往往花费大量的人力、物力和财力，工作效率低下，所以引进高速公路养护施工现场可视化实时视频监控技术必不可少。

随着无线网络技术和数字视频压缩技术的发展，在无线网络上传输相关的视频及音频是高速公路养护监控的趋势。根据实践运用，通过无线网络可以把高速公路养护实时动态图像传送到各级用户最近的通信发射设备中，各级用户在通过无线接收设备，实时查看、浏览各视频点的动态图像。

高速公路或高架两侧的居民区不断增加，对桥隧养护现场施工安全全程监控，及时纠正安全隐患。实施视频监控可以节约监管人员往返施工现场的时间，极大提高工作效率。高速公路管理机构或经营单位可以通过远程视频实时监控，对桥梁隧道等重点结构物的养护施工进行实时监控。

实时视频监控技术的特点：能完成对监视区域的全部人员活动、工作情况，包括人员的特征、姿态等的观察，少留死角，并对需要的画面进行重点录像。视频监控的工作过程说明。视频监控系统可以分为前端信号摄取、中间信号传输和后端信号显示及储存三个部分组成。根据各养护现场的具体情况，在现场安装相应的监控摄像机，外围再各配备一台云台、防护罩及云台控制器。每个视频采集点各配备一台视频编解码器，视频摄像机用于采集状况视频信号，主要监控养护现场一定范围内的状况，云平台可以由控制中心的计算机控制，用户可以对摄像机水平 360 度、垂直 90 度及变焦控制。

三、高速公路交通噪声监管的技术创新

高速公路交通噪声的危害。近年来，伴随着高速公路的建设和发展，交通的噪声污染也愈来愈严重，交通噪声污染已经成为人们面临的一个突出环境问题，严重影响人们的正常工作、学习和休息。

高速公路声屏障设置和养护过程中的主要问题表现。

实现对养护现场施工材料设备的全称监控，预防丢失、盗窃等问题的发生。噪声污染的防治和声屏障的设置落后于原来的设计和规划，存在许多要变更的问题，包括变更设置声屏障的位置和数量；而声屏障养护工作或增设工作涉及高速公路管理、经营、公安、环保等多个政府部门。

声屏障在高速公路养护中的监管。

（1）高速公路经营单位应组织审查设计的声屏障是否符合《公路环境保护设计规范》（JTG B04-2010）、《钢结构设计规范》（GBJ17-88）、《城市区域环境噪声标准》（GB3096-93）等相关国家部门颁布的规范和规定。

（2）降低高速公路噪声必须采用预防为主和防治结合的方针综合治理，主要包括高速公路合理选线和规划布局、交通管理措施和噪声防治技术。综合比较国内外多年使用经验，道路声屏障作为控制交通噪声的有效措施，一般 3 ~ 6 米高的声屏障，其声影区内降噪效

果在 5 ~ 12dB 之间。

（3）加强声屏障养护过程的监管，明确道路声屏障验收标准——《道路声屏障质量检验评定》(DB32/T943-2006)。此评定标准制订时参照了《公路工程质量检验评定标准》(JTG F80/1-2004)、《公路工程竣（交）工验收办法》和《建设项目竣工环境保护验收管理办法》制定，也贯彻执行了《中华人民共和国环境噪声污染防治法》和《江苏省环境噪声污染防治条例》等，统一了我省道路声屏障质量检验评定标准和方法，确保交通噪声环境保护设施的性能和质量。

（4）高速公路监管单位应参与相关设施的验收、评定工作。

第二节　公路养护施工工程技术创新

现在我国的国民生产总值快速发展，对于如何提升建设公路水平、如何对公路进行更好地养护这两个方面，很多工程师以及相关人员也做出了自己的思考和方法，所以其技术能力也不断地改进。而对于公路来说，公路的养护现在已经变成了提升公路运行质量的一个不可或缺的操作。所以在目前建设现代化公路的过程中，对于公路的养护也越来越重视。公路的养护涵盖多个方面，本文就公路养护做出探讨。

一、公路养护的意义

可以延长公路的使用寿命。这些年来，我国的交通行业也在不断地发展，公路建设情况也有好转。但是过了一段时间后，施工过的公路往往会出现一些问题，有很大一部分原因就是对公路养护不够重视而导致的。公路的养护就是对路面上的一些不安全的因素处理掉，让公路保持良好的状况，减小公路损耗程度，从而可以有效地延长公路的使用寿命。

可以提高公路的通行能力。对公路定时地进行养护的话，能清理掉路上的一些影响正常行驶的东西。并且公路的养护操作相对比较便捷，不会影响正常的交通。当路面上没有了不安全因素以后，公路的通行能力就会得到极大的提升，从而使人们在交通上更加便捷。

减少因为公路设施造成的纠纷。公路养护可以使行驶在路面上更加的安全，也就减少了交通事故的发生。不仅如此，没有了交通事故的发生，还很大程度上方便了人们的交通出行，所以对公路进行适当地养护还是很有必要的。

二、公路养护施工的主要过程

施工前期的准备工作。任何工程都是离不开材料的，并且施工原材料的质量对整个施工工程的质量有着很大的影响，施工材料的供给速度也在很大程度上影响着施工工程的进度，而一个有默契、比较良好的施工团队不仅可以提高工作的施工效率，还可以促进团队更好的合作施工。这些要素避免了一些因为材料质量或者团队闹矛盾造成的不必要的进度浪费。

施工中期的养护工作。准备好施工材料和施工人员的相关准备工作之后，就要开始施工了。在这个时期是整个施工过程中的主体部分。计划好施工的具体过程之后就是要严格地对待施工的每一个步骤，具体包括以下几个步骤：施工放样过程、恢复定线过程、路基放样过程、路基施工过程和路面施工阶段等。这些阶段都是要严格按照有关部门的规章制度来操作，如果遇到了一些突发状况也可以适当地修改计划方案。

公路后期养护措施。就目前对于公路的前期准备工作以及在施工过程中需要注意的各个要求来说，虽然这些做法可以对公路有一定的养护作用，但是仅仅这些还是远远不够的，公路的保养最重要的还是在施工完成后对于公路的日常护理工作，只有这样才能有效地延长公路的使用寿命。

三、公路养护施工技术的创新

级配碎石垫层工艺试验。基于目前较为成熟的科学技术方面上，相关的研究人员提出了级配碎石垫层工艺试验，然后根据实验发现了效果更好的级配碎石材料。确定了级配碎石原材料之后再一步一步地试验来对整个实验做出改进，最终各项数据指标都达到要求。

创新雾封层公路养护施工技术。做任何的事情都要先考虑经济效益，对于公路养护来说也不例外。公路养护不但要考虑对公路养护的质量，还要考虑其成本，尽量在保证质量的同时将成本达到最小。而创新雾封层公路养护施工技术就比较符合这个要求，因为它成本比较低并且效果也不差。在进行公路养护施工操作的时候，一般都是用比较少的乳化沥青及其溶剂混合物喷洒到路面上，这样就可以减少公路表面与汽车轮胎的摩擦系数，从而就达到了对公路养护的理想目标。在进行这项养护工程的施工，要首先对公路进行一系列处理，处理的时候环境不能是潮湿的，要在比较干燥的条件下，并且如果碰到了雷雨天气就要马上停止工程的实施。

废旧沥青混合料再生技术。废旧沥青混合料再生技术不但降低了对公路养护的成本，还节约了资源，一定程度上保护了地球的环境。将原来的沥青路面进行处理之后，用乳化的沥青当作再生原材料，然后把废弃的沥青用一定比例和水自己其他的添加剂调和，在自然环境下就能自然融合，从而形成公路路面的下面层。并且这个技术的未来前景也是比较好的，因为这不但变废为宝，将废弃材料再利用，还避免了污染环境。

SUPERPAVE 高性能沥青路面施工技术。SUPERPAVE 高性能沥青路面施工技术目前来说在国际上是比较先进的技术。并且这种技术也被广泛应用，主要是因为它能使路面更加匀称，并且也会提升路面的抗水性能。除此之外这个技术有一个自己独特的体系，能非常有效地改善路面性能以及其耐久性，从而使公路的安全性得到了较好保障

公路的养护工作才是保障公路长期持久运营的重要保障，做好了对公路的养护工作，

就能很大程度上提升公路的可持续使用性。做好公路的保养和管理工作任重而道远，它可以提升公路的质量，还可以使车在行驶的时候更加舒适。所以相关部门要对公路的养护工作足够重视，这同时也是确保车辆正常行驶、维护交通安全的关键。

四、现代公路养护策略

路面翻浆处理。公路路基常年受地下水侵蚀，容易造成路基翻浆问题，对路面造成严重破坏，甚至使车辆难以正常通行，给运输带来很大麻烦。处理这个问题最常用的方法是换土。换土法施工时，要求施工人员将路基的一半挖至基床土层两米深，将结霜土全部挖除，再用天然碎石换半米左右厚的土。

裂缝处理。公路路面经过多年的交通运输，容易产生裂缝。裂缝也是公路路面的常见病害。对于较小的裂缝，可以及时清理裂缝中的杂物，并用专用器具填充沥青。最后，可以用橡皮刮刀刮掉裂缝。完成此项工作后，需要在顶层铺设维护用的精细材料，以进一步增强其坚固性。如果路面裂缝比较大，应及时清理裂缝，然后将沥青和细颗粒均匀地掺入裂缝中，用专用器具使其更加稳定，最后在表面铺设精细养护材料。

波浪处理。公路波峰或槽叉过大，会给驾驶员带来不适，甚至影响驾驶员的生命财产安全。为了解决这个问题，需要维修人员先将突出部分向前展平。低于路面时，应在剔除部分的基础上，喷热沥青，然后摊铺密实。考虑到波浪面积较大，需综合挖除，再进一步铺筑，用可塑性黏土有效填充，或与已拆除的材料混合，以保证路基的硬度和压实度，使地基和表面更加稳定，保证驱动力。

第三节　公路桥梁养护与维修加固技术创新

保证公路交通的完善性是经济高速发展的前提，随着人们的进出口意识增强，对公路桥梁的需要也越来越高。该文就公路桥梁养护与维修的必要性，和其中出现的问题，以及养护与维修的具体方法做出了分析，从而确保了桥梁的安全作用，促进了公路桥梁的稳定发展。

公路桥梁是运输建设的关键所在，因此，公路桥梁的好坏直接决定了交通运输的安全和效率。为了保证运营过程中物资的顺利运行，对公路桥梁的养护与维修是重中之重。然而公路桥梁的任务艰巨，要以预防为中心，以养护维修为重点，采取积极措施，加强管理设施，进一步保证公路桥梁的实施性和服务能力。

一、对公路桥梁的养护及维修的必要性

保证公路桥梁后期的安全。近几年，随着经济的高速发展，公路建设也飞速发展，因此，

我国公路交通的流量也越来越大，并且车辆超载、超速的现象也层出不穷。大吨位的车辆逐渐超出了我国公路桥梁的承受范围，这就使得我国的公路桥梁遭到了严重的伤害，加大了交通事故的出现率，危害了人们的生活。为了保证交通运输过程的通畅性，保护人力物力的安全性，加强公路桥梁的养护及维修是必要的。

保证公路桥梁长期的使用。我国有很多早期修建的公路桥梁，由于当时的技术落后、质量薄弱、养护维修设施不够先进，再加上材料短缺管理不当等因素，导致了这一批公路桥梁在交通运输中存在安全隐患。因此，为了保证公路桥梁的长期使用，将危险性降到最低，需要定期对公路桥梁进行养护与维修，从而避免交通事故的发生，保证交通运输的通畅性和安全性。

保证公路桥梁维护措施的进一步完善。如今，我们的生活发展已经离不开交通运输，而经济的发展、需求的提高、运输量的增加以及安全要求的提高，促进了在公路桥梁养护及维修的过程中对自身品质的提升、对技术发展的要求、对措施实施度的提高。需求与建设相互促进，保证了维修工作的进一步完善。

二、公路桥梁维护过程中存在的问题

公路桥梁的自然灾害。由于自然环境的影响和长期的时间消耗，一些中小型的桥梁出现了混凝土损坏，桥面坑坑洼洼，影响了车辆的正常行驶。还有一些严重的情况如桥梁支撑梁的破碎和一些桥面出现裂痕，抗冲击性大大降低，会有前面断裂的危险，造成桥头跳车的危害。

居民保护意识低下。由于附近居民的保护意识低下，随处乱倒垃圾，出现了排水堵塞问题，长此以往使得公路桥梁排水效果不佳。雨水堆积，泥浆四溅，长时间的积水腐蚀严重影响了路面整洁，影响车辆正常行驶。再加上管理疏忽，环卫工人长期没有进行清扫，使污染情况直线下降。

桥梁栏杆残缺不受重视。桥梁栏杆的残缺现象随处可见，没有了栏杆为交通行驶提供的安全保障，危害了交通安全。如果桥梁受损害后没有及时受到恢复，损坏范围愈来愈大，将会产生更严重的问题。

桥面伸缩缝问题。因为伸缩缝装置设置在桥端比较薄弱的部分，而且伸缩缝装置的性能不够完善以及连接件的老化，在车辆的长期反复压制下，伸缩缝非常容易发生损害。因此，桥梁伸缩缝的整治是非常重要的，要根据实际损害情况采取不同的方法，比如更换连接材料甚至需要更换整个伸缩缝装置。

管理制度弊端化。由于公路桥梁养护和维修的经费不足，投入的人力物力资源薄弱，长期下去，不管是民众还是相关部门都逐渐放弃了对公路桥梁的养护及维护。正是管理体制的弊端造成了忧患意识的单薄，事不关己的冷漠态度，影响了维护工作的积极性。

三、公路桥梁养护与维修的有关措施

公路桥梁定期检查。公路桥梁在长期使用中不可避免地会出现各种各样的问题，如果一旦放松下来，公路桥梁肯定会产生不良的影响，积小成大，不可忽视。所以遇到问题后要进行及时的处理，做到定期的日常检测。只有不断加强日常的防范检测才能发现问题进而找到合适的解决方法和针对性的方案。

可以通过以下三种方式对桥梁进行检查：经常性检查、定期性检查和特殊性检查。具体使用情况应该根据实际情况交互使用。桥梁的经常性检查是针对具体的各个设施进行检查，用来观察公路桥梁的各个结构部件是否完整。这种方法一般使用简单的测量工具或者目测，比较简单，成本很低；桥梁的定期检查则是采用较为专业的测量仪器进行综合性检查，检查的周期比较长一般最少为两年一次，但检查范围更加详细专业。并且定期性检查是在经常性检查的基础上建立起来的；桥梁的特殊性检查是根据具体的桥梁破损情况而进行的有目的的专业检查，一般情况下会由专业的工作队伍采用专业的策略来进行检查。

加强桥面铺装。当公路桥梁的路面出现裂缝、污染情况时，要积极采取修复。路面长期受到磨损和挤压后，会出现蜂窝和风化现象。在进行维修时，应选择相应的顶板加以保护，用质量较好的材料填补表面的空洞。如果出现裂缝较大，可以重新浇灌混凝土，巩固加上面板，这样既能修补路面又能加强厚度，增强抗压能力，提高负载能力。常用方法有：钢筋网与混凝土、钢筋网与膨胀混凝土、钢纤维混凝土。除此之外还应注意加强修后的养护。

巩固公路桥梁负载力。随着交通流量的增加和大型吨位车辆的增多，许多路面和桥梁的承载能力已无法满足需要，为了保证交通运输的正常进行，除了对公路桥梁做定期检查外，还要巩固增强承载力。对于不合格的公路桥梁做彻底整治，重新修正路面桥面；对于不安全的公路桥梁，作用加固技术提升承载力，延长使用寿命。常用的改造加固技术有：增大构件截面改造技术、旧桥加宽技术和粘贴加固改造技术。

对旧的公路桥面进行维修加固。为了对一些旧的公路桥梁进行休整加固，为了确保两侧桥孔的人行道梁比主梁长和做支撑作用的桥墩，预防桥台在长期使用过程中变宽的情况出现，可以使用混凝土在梁的内侧及面板浇筑，这样不仅拓宽了旧桥面，而且还进一步加宽了人行车道，使得车辆在桥梁行驶更加通畅。对于旧的公路路面，首先应该把长期积累的灰尘除去，然后按照具体情况加入短钢筋，铺设钢筋网，这样提升了公路抗弯能力。

在对危险的旧公路桥梁进行维修加固之前，还要对质量状况和承载能力做出评定，以确保之后的维修加固工程效果足以让公路桥梁处于正常范围，承受住之后的车辆反复行驶，将使用寿命尽可能放长。另外，在维修加固时，应尽量不要破坏公路桥梁的原有结构体系，这样就降低了工作设施的难度，减少了加工次数，降低了工作成本还在原有的公路桥梁基础上得到了质的飞跃。

改变原有桥面体系结构。不同的桥面体系结构拥有不同的特点，比如简支梁的跨中弯矩更大，而拱式耐压能力更强。由于个别桥梁设计不合理，比如尺寸偏小、配筋不足，导致结构出现裂痕等破损；个别桥梁钢筋层过于薄弱，桥面积水的不断渗入，导致钢筋膨胀腐蚀，混凝土裂开。可以通过改变桥梁的结构体系增强承受能力、减轻内应力。改变桥梁结构体系是一个重大的工程，需要设施建设的支持。常用方法有：八字支撑加固法、简支梁变连续梁和改桥为涵加固法。

培养专业的公路桥梁养护队伍。在公路交通的高速发展下，加强组织管理，强化专业培训机构是必然要求。为了公路桥梁的养护维修巩固工作的顺利进行，培养专门的公路桥梁养护队伍也是必然工作措施。养护队伍应该全面负责公路桥梁的定期检查，负责组织活动进行突击检查工作，并提出相应的检查报告，通过观察公路桥梁的损害情况，对桥梁的养护维修巩固工作负起责任。保证公路桥梁日常保护，收集整理各个部门和管辖区的档案，进一步监督、分析、落实巩固改造计划。

这是为了公路桥梁养护维修巩固工程而培养的精英专业养护队伍，应该注重强调的是公路桥梁养护队伍的专业性和可实施性，做到专业人士采用专业技术通过专业测量工具，灵活运用专业知识采取专业措施，以保证公路桥梁维修巩固工程的落实部署。还应做到随时随地掌握公路桥梁的使用情况和维修状况，为处理突发事件打下坚实基础。另外，不仅要分成日常养护队伍，还要有专业技能强大的队伍，做到从小到大两手抓准备。保证工作的严谨性和专业性。

四、公路桥梁养护维修应注意的问题

对公路桥梁的养护及维修加固与新建工程不同，对于不同的公路与桥梁应采取不同的维修加固标准，这正是后期养护加固工作的难度所在。在养护维修加固过程中有时会产生很多新的工艺，而新的工艺需要的投入就会更多，不管是精力还是物资一点也不亚于新建工程。公路桥梁的养护维修加固工程中还有大量烦琐的任务与不安的因素，应充分利用已有资源，在工程运作中保证安全性与实施性。

管理者也要积极配合公路桥梁的养护维修加固工程，只有提高了工程的积极性才能保证安全性。要实时掌握公路桥梁的车流量，加强安全监控，确保车辆通行的畅通性，这是每一个管理人员的职责也是每一个公民的义务。个体做到规范行为，不做污染公路桥梁的行为，遇到不规范的行为也要举报劝阻，共同维护交通和谐。管理者还要向国内外典范学习，不断更新技术，采取科学有效合理的方法来服务公路桥梁建设，为交通运输发展做贡献，减少交通事故的发生。

公路桥梁的质量会随着时间的推移而不断降低，会出现不同程度的损坏，给人民生活带来严重影响。因此，对公路桥梁的养护与维修巩固是不可低估的工程，肩负着重大的使命感。为了发挥更大的经济与社会效益，克服众多因素的制约，从业技术人员应该更高地理解掌握公路桥梁维护巩固过程中的选择特点，加大管理力度，采取有效措施，将这项工作最大化地发挥出现实意义。

第四节　公路沥青路面养护相关技术创新

近些年来，我国的社会经济不断发展，交通行业也取得了长久的发展，公路建设事业也有很大的发展空间。在公路建设中，公路养护是重要的一部分，也是公路能够发挥其功能的保证。对公路沥青路面养护相关技术进行研究也逐渐引起了相关部门的关注。将公路沥青路面养护技术和公路使用的实际情况相结合，发展和创新养护技术，将公路建设工作做好。本文将对公路沥青路面养护相关技术做以简要分析，并且提出一些公路沥青路面养护的建议，希望能够对提升公路沥青路面养护水平起到一定的作用。

公路运输在我们的生活中起到了重要的作用，也是交通行业的重要组成部分，更是国民经济发展的基础，在各行各业中都起到了一定的作用。城市化进程的发展也离不开公路建设事业的发展。对公路沥青路面养护相关技术进行深入的研究，有助于公路建设事业更好地发展，具有重要的意义。公路沥青路面主要有沥青混凝土路面等几种，本文将对公路沥青路面养护相关技术进行深入分析。

一、公路沥青路面养护技术概述

公路沥青路面养护在合理的时间采用适当的技术对沥青公路路面进行维护管理，能够对沥青公路路面上出现的缺陷进行及时修复，发现隐患并及时解决，避免出现大型损坏。提升公路沥青路面养护技术水平能够在一定程度上降低路面翻修和维修的次数，从而降低公路养护成本，延长公路使用寿命，改善公路的使用状况，从而保证沥青公路路面的正常使用，提高公路建设的经济性。所以，创新和发展公路沥青路面养护技术是十分必要的。

社会经济的快速发展给交通行业带来了巨大的挑战，公路建设一直是社会的焦点。公路沥青路面养护的成果对公路建设的发展起到十分重要的作用。由于公路沥青路面本身具有表面平整、施工周期短、养护简单等特点，所以其养护工作具有十分重要的意义。做好公路沥青路面养护工作能够延长公路使用寿命，保证行车安全，防止公路出现沉降、裂痕等对公路运输极为不利的病害。要想使公路的使用状况达到良好的状态，就必须要重视公路沥青路面养护工作，努力提升公路沥青路面养护技术水平。

二、公路沥青路面常见病害

公路的实际运营中，可能出现裂缝、变形和表面损坏等多种类型的病害。产生这些质量问题的原因主要是沥青混凝土温度稳定性被破坏，还有在公路项目进行施工时没有控制好水稳定性，使得沥青和矿料的结合力受到影响，混合料整体受损。另外，外界水对路面的冲刷也会导致路面结构材料被破坏，水会渗透进路基进而引起不均匀沉降。还有，公路建成后投入运营初期，对公路的养护和维修不及时也会导致公路路面出现病害。在公路建设的过程中要对影响公路路面质量的因素进行控制，在公路建成通车后还要对路面进行及时的养护，才能保证公路的使用价值和经济价值。

三、公路沥青路面养护技术存在的问题

首先是养护技术比较落后。目前我国的公路养护体系还比较落后，人们的公路养护理念还不够深刻，很多养护技术还是传统的，也没有完备的公路养护计划。没有对建成初期的公路进行及时的养护，导致养护的最佳时机被错过。

第二是我国在公路沥青路面养护技术方面投入力度不大。对于公路沥青路面养护技术没有投入足够多的财政资金，公路养护队伍也不够完善，缺少资金、人员和可行的机制，这些因素都导致了我国的公路沥青路面养护技术发展缓慢。

第三是公路沥青路面养护技术研究工作滞后。我国还没有建立起完善的公路管理养护系统，再加上对公路病害的检测手段不足，专业人员缺少，从业人员素质不足等原因，公路养护技术还比较落后。我国关于公路养护的数据也比较少，经验缺乏，技术装备落后，施工能力不足，这些也导致了公路养护工作发展滞后。

四、公路沥青路面养护相关技术研究

对公路沥青路面养护相关技术进行研究能够缓解交通运输业的压力，提高公路的质量和经济效益，促进交通行业的发展。公路在建设时会受到许多因素的影响，可能会存在一些隐患，再加上后期的养护不到位，可能会影响沥青路面的使用性能，所以对公路的养护应该予以足够的重视，保证公路的良好运行。

公路沥青路面养护的具体技术有裂缝填封、石屑封层、薄层罩面、稀浆封层等。首先是裂缝填封，使用高黏度高弹性的填缝材料能够达到填充公路微小裂缝的目的，而且还能够提高公路的形变能力，防止雨雪等水分渗入沥青内部导致病害的进一步扩大。对裂缝进行填封也是公路养护工作中十分重要的一项，具有重要的意义。第二是石屑封层，主要是用来保护路面提高路面使用寿命，具体方法是在沥青黏结料喷洒在路面后立即铺上一层石屑，还要留出足够的时间防止松散集料的损失和抗滑能力的衰减。在石屑封层完成后还要对其进行定期的检查，保证路面养护的质量。第三是薄层罩面，这也是一种比较传统的技术，主要是在出现病害的路面铺上一层热沥青混合料，防止病害的扩大和恶化，同时也能改善公路的平整度，这种方式的成本也比较低。第四是稀浆封层，将混合物铺到原有的路面上，能够快速解决病害，而且经济性也比较高，近些年来也被大范围地使用。

在使用公路沥青路面养护技术对公路路面进行养护时也要选择合适的时机，在公路建

成通车后要采取高标准的养护方式，保证公路的运行状态良好。还有，应该制定科学合理的养护周期，定期进行路况检查、数据采集，通过不断地调查掌握公路使用的数据，并且根据这些数据确定公路养护的周期，保证公路运行状态良好。另外还要选取科学的公路沥青养护技术，由于我国采取的公路路面结构的特点，公路会出现不同程度的裂缝，比较严重的会出现较大的结构性问题。所以，要根据路面的实际情况选择合适的养护技术，才能解决路面病害，提高公路的整体性能。

总而言之，在经济迅速发展的今天重视公路养护是十分重要的，对公路沥青路面养护相关技术进行研究也是必要的，不仅有利于公路使用寿命和经济效益的提升，还能够保证公路运输的安全性，对社会经济的稳定发展也起到了一定的作用，所以重视发展和创新公路沥青路面养护技术非常重要。

第五节　公路路面养护质量检测技术创新

公路施工技术管理是提高施工质量的重要途径，与公路施工同等重要的是公路养护，尤其是对于公路路面而言，必须要按时加强养护工作，以提高路面的安全性。文章对公路路面养护常见的问题以及公路路面养护检测技术进行分析与探讨，旨在提高公路路面养护水平。

公路工程的建设，是当前经济发展过程中的一个必然趋势，公路路面施工和养护是公路工程施工过程中的一个重要内容。路面是很容易受损的一个部分，大量的车流长期通行，会导致公路路面受到不同程度的损坏。因此，在日常使用过程中，必须要积极加强对公路路面的养护，以提高公路路面的安全性和稳定性，为过往的车辆和行人提供更加安全的通行环境。对此，必须要加强对公路路面工程的养护管理，要对养护管理体制进行创新，要加强对养护质量检测技术的应用，从而确保路面的养护工作能够落到实处。

一、公路路面工程养护管理存在的问题

在公路建设完成之后要加强养护管理，利用各种资源条件，为居民的出行提供更加安全的道路环境。随着我国的公路建设事业不断发展，我国的公路路面工程项目变得越来越多，涉及的地区越来越广，尤其是一些公路工程所经过的地域环境比较复杂，在养护管理过程中，各种工作比较繁杂，当前公路路面工程的建设和养护管理还存在一些问题，主要有以下几个方面。第一，缺乏养护队伍。当前公路路面的养护过程中缺乏高素质的人才队伍。由于公路路面养护属于公路管理部门的工作，在公路管理部门中，专业化队伍仍然比较缺乏。当前很多公路路面养护人员没有接受过正规的养护管理培训，使得工作人员在日常工作中缺乏必要的工作技能，最终导致公路路面的养护过程中没有加强对技术的控制。第二，对公路路面工程养护管理的意识不足。当前，还有很多的公路管理部门的领导者以及工作人员对公路路面工程养护管理存在一些认识上的偏差，很多养护管理者对公路工程

养护管理的意识不够强烈，因此对公路路面工程养护管理制度的建立的重视程度不够，没有加强公路路面工程养护管理的投入。第三，缺乏养护质量检测。在对公路路面进行养护的时候，加强对各种养护工作的检测是确保公路路面的养护工作得到落实的一个有效途径。在当前的公路部门中，也没有一支高素质的监测队伍，没有对公路质量检测结果进行有效的分析，因此使得公路路面的养护没有按照一个统一的标准进行。比如大多数公路路面在养护过程中，都只是对表面问题进行解决，对公路路面的整体结构、连接处的问题等关注不够多，没有按照规定进行养护，因此使得公路路面的养护质量受到影响。第四，公路路面养护管理过程中的责任体系不够健全。在公路路面养护管理过程中，由于公路管理部门没有将具体的责任落实，因此使得一些地区的公路路面得不到有效的养护管理，有的又出现养护管理过剩的现象，导致各种资源的分布不均匀。

二、公路路面养护质量检测技术及其控制措施

公路路面养护质量检测技术。在我国公路技术状况评定标准中，主要有几个技术指标，第一是路面状况指数，第二是行驶质量指数，第三是路面结构强度指数，第四是抗滑性能指数，第五是路面车辙。通过对这五个技术指标进行评定，可以对公路路面的行驶情况有更加充分的了解，也能为养护工作提供更多的依据，从而提高公路工程的安全性。

第一，路面破损状况检测，指的是在封闭或不封闭交通的情况下，按照路面检测过程中关于损坏的分类以及识别方法，采用简单地目测以及丈量的方式，对路面的损坏情况进行了解的一种方式。有人工检测和仪器检测两种，人工检测会浪费大量的人力财力物力，而且也会导致交通不畅，再者人工检测的危险性比较高。因此各种检测仪器开始逐渐普及，比如欧美一些国家开发的路面病害调查车，就可以保证车辆在正常行驶的过程中对路面进行扫描和拍摄，并且通过计算机进行记录，对各种路面情况进行传输。

第二，行驶质量指数检测，指的是对路面对车辆行驶过程中所带来的体验性以及对车辆带来的影响的分析，是表示路面的舒适性指标的一个重要参数。比如当车辆行驶在不平整的道路上时，不仅会对车辆带来更大的磨损，同时也会使得行驶过程不舒适。在我国，对这个指标进行检测时主要采用的有两种方法，第一种是断面测试类，比如 3m 直尺、精密水准仪、激光断面仪等，第二种是间接反应类测试，比如采用颠簸累积仪、连续式平整度仪等进行测试。

第三，路面车辙深度指数，车辙是当前很多高速公路的主要病害之一，由于超载现象越来越严重，因此必须要加强对车辙问题的解决，当前在进行养护检测的时候，一般会采用两种方式对车辙深度进行检测，一种是直尺测量，另一种是采用车辙快速检测装置进行测量。

第四，路面结构强度指数，在对路面的结构强度进行表示的时候一般采用的是弯沉的概念，完成是公路路面养护过程中的一个重要指标，一旦发现完成不合格，则有可能会导致公路不能使用。在当前的检测过程中主要采用的是仪器检测，一种是落锤式弯沉仪，一

种是激光自动弯沉仪。

第五，抗滑性能指数。这个指数主要是用来对路面的抗滑性能进行表示的，是路面的安全性能指标。公路路面的抗滑性是安全性的一个重要内容，只有提高路面的抗滑性，才能保证车辆在行驶过程中不会出现打滑现象，尤其是在一些高速公路上，必须要加强对抗滑性能的提高，防止出现安全事故。我国养护规范对抗滑检测的规定是摆式仪测摆值摆值、SCRIM 抗滑测试车测横向力系数，可以采用 SCRIM 测试车进行检测，当前我国自主研发的 SCRIM 测试车也越来越多，对于路面的抗滑性能的检测有很大的帮助。

公路路面养护质量控制措施。在进行公路路面养护的过程中，必须要对养护质量进行有效的检测，按照路面养护质量的相关检测技术进行检查和养护，从而提高公路路面的性能。在具体的检测过程中，应该要对质量检测标准进行完善，在进行路面养护检测的时候，要按照相应的标准进行检测，对于检测到的问题进行有效的解决。另外，还应该要提高公路路面养护管理人员的综合能力水平。对于公路路面的养护管理而言，注重相关人员的技术水平和养护管理水平的提升，是促进公路路面质量得以提升的重要措施。在对公路路面进行养护的时候，应该要不断提升养护人员的综合能力素养，公路路面养护管理单位要定期对养护管理人员和技术人员进行培训，从具体的养护管理技术、公路路面养护质量检测技术等方面着手，提高公路路面养护管理人员的综合能力水平，使得公路路面养护管理工作能够按照一定的标准进行，切实解决各种公路路面的损坏问题。

综上所述，随着公路工程的建设变得越来越多，在公路使用过程中，为了延长公路工程的使用寿命，必须要加强对公路的养护管理，提高公路工程的质量。公路路面养护是公路养护过程中的主要内容，在进行养护的时候应该要加强对各种检测技术的控制，对一些基本的参数进行检测，从而提高公路路面的养护水平。同时，要针对当前养护工作现状，加强对养护意识的培养，从而提高公路质量。

第六节　高速公路养护与养路机械的技术创新

针对高速公路养护及养路机械进行论述，并围绕坑洞修补养护车、改性乳化沥青机、改性乳化沥青搅拌机、改性乳化沥青封层机等几种养护机械，对其原理、特点及技术创新的要点进行了分析，且根据相关经验和知识做出探讨，希望能为相关从业人员提供借鉴。

随着近几年公路交通事业的不断发展，对于公路养护方面的要求变得十分严格，局部挖补已无法满足需求，局部铲除与重铺逐渐变成恢复公路正常使用状态的有效方法。由此可见，公路养护想要从根本上摆脱掉简陋、粗鄙的形象，必须对现代高新技术给予重视，合理运用当前较为先进的技术手段确保养护机械可以胜任养护任务，从而达到促进公路交通事业蓬勃发展的目的。

一、公路路面坑洞修补及养护车技术创新

现阶段高速公路以沥青路面为主，坑洞对于沥青路面而言，是一种较为常见的病害类型，产生原因相对复杂，但主要还是由于路面承载力丧失而导致的，再加上行车荷载的作用，早期病害会迅速扩张，影响公路的正常使用。

目前，常用的坑洞修补方法主要有两种，分别为热补和冷补，无论选用哪种方法，都需要对坑洞进行大规模的开挖处理，坑洞病害修复效果。开挖施工所用机械可选择自带液压锤设备的“两头忙”。压实机械主要有两种，小型振动压路机与内燃式振动夯。

在我国大规模应用的综合养护车，其混合料主要是预先制备好倒入保温罐中的，侧壁与罐底都设有加热装置，外壁还设有保温层，可很好地防止混合料温度散失。如果修补施工运用冷态混合料，则加热的最大时长可以达到 7h，但还无法对旧混合料进行有效处理，因此无论商家如何进行宣传，其实际用途还是较为有限的。除此之外，还有一种养护车支持现场拌制新、旧混合料，虽然该机械实现了旧料的处理，但其配置依旧较为底端，使用时缺乏保障。因此公路养护车对应的技术创新归根结底并非新增功能，而是要使其变为能够在现场进行再生混合料拌制的小型搅拌机，必须配备隔离式搅拌机与相应的计量装置。

二、公路路面冷补、封层及改性乳化沥青技术创新

改性乳化沥青机。改性乳化沥青当中的高分子物质即可在乳化过程中加入，也可先进行乳化再混合。虽然依然运用胶体磨，但仍要密切关注乳化剂选配、计量装置与各项工艺参数。基于此，从改性乳化沥青机的角度讲，其技术创新的关键点就在于计量装置与工艺的施工控制，创新目标确定为实现自动化控制，以保证施工质量和效果。

改性乳化沥青搅拌机。在公路病害的修补方面，改性乳化沥青的实际用量较少，所以搅拌机也必须是小型的，但技术方面不容怠慢的。设计这种搅拌机的初衷是保证乳化沥青高效混合和凝结，因此需要配备高性能的计量装置与搅拌机。在设计中发现，计量系统是一个重要难点，这是因为沥青的容量是趋于变化的，最好运用重量法进行计量，但这对于规模相对较小的搅拌机而言是十分困难的。

改性乳化沥青封层机。改性乳化沥青的质量决定了封层的实际质量，封层机虽不是新型机械设备，但我国还未对其进行深入研究。尽管是国外进口的机械，但在稀浆搅拌等方面仍存在不足之处。封层机实际上是一种实现计量连续性的机械。然而，就当前的连续搅拌装置来看，我国始终以质疑的态度禁止其在施工中应用。究其原因，主要还是出于对骨料规格方面的考虑，国内生产的骨料在规格上相对较差，容易使混合料级配出现较大的差距，相反，间歇搅拌楼由于设有热料筛分机，所以在计量方面更有把握。然而稳定土对应的技术标准还较为低下，大部分稳定土搅拌站都以手工控制和调节为主，精度很低，实际搅拌时间也过于短暂，由于这种现状而造成的质量问题却被大多数人默许，但在实际施工

中必然要付出一定代价。针对封层机，细骨料和乳化沥青都需要按照一定比例连续供给，但机械较为窄小，难以采用重量法进行准确计量，而且给料机大多由手工控制，自然无法确保稀浆质量，加之先前所用的是普通乳化沥青，不具黏结力，在施工完成后不久封层就有可能损坏，所以一直以来公路施工都不予采用。基于此，封层机技术创新的重难点主要是采取精细化设计手段实现连续高精送料以及计量与调控的自动化。

预拌冷补混合料。坑洞修补过程中，摊铺完成后要求立刻压实，以获取足够密实的承载结构。这种混合料的主要特点可概括为以下几点：不压不成形、一压就成形、越压越成形，预拌完成后对储存温度无特殊要求，可长时间存放，取用极其方便。这种混合料在我国是非常受欢迎的，国内一些研究者已通过研究确定了化学配方，对现有搅拌楼实施改造。基于此，可开发出一种综合的公路养护搅拌楼，既支持热料拌制，也可进行冷料拌制。

三、公路翻修与沥青路面再生的技术创新

中置路拌机。中置路拌机是一种自带铣刨与搅拌功能的大型机械设备，主要用于冷法就地沥青路面再生。现阶段，我国已成功研制出 425 型中置路拌机，500 型及其以上的中置路拌机正处于研究阶段，旨在为二级公路的路面返修提供便利。该路拌机的驱动方式为全液压驱动，系统控制的核心为自动化功率分配技术，此外还有四个悬挂点，用于高程的准确调整。

水泥撒布车。对于铣刨后产生的旧混合料而言，由于其没有经过加热，所以旧混合料不具备黏结功能，需要向其添加一定量的黏结料（如水泥、石灰等），通过充分的搅拌和压实才可以具有良好的承载力。水泥洒布车的用途是在路面上均匀撒布水泥，其对应的技术创新重难点在于对水泥实际撒布量的有效控制。然而，水泥撒布量主要和车速、计量转子转速等因素存在联系，所以撒布量的有效控制实际上就是连续给料与计量方面的控制问题。

沥青洒布车。沥青洒布车要求不仅可以均匀洒布热拌沥青，还能按照一定比例洒布改性乳化沥青。与水泥撒布车基本相同，计量控制主要和车速与泵转速度存在联系，所以其技术创新重点也是连续给料与计量方面的控制问题。

沥青路面加热机。在公路沥青路面再生联合机组的前方，设有一个宽度和待修路面相等的加热板，加热方式可以是红外线辐射也可以是热风，充分利用辐射热量对待修路面进行加热处理，实际发热量及辐射距离可根据实际情况进行调节。

综上所述，公路养护机械的全面进步离不开有效的技术创新，如果缺乏先进的机械设备，则现代新型施工工艺及技术是没有任何意义的。作为公路的施工和管理人员，首先应充分认识到养护机械对于公路养护效果的重要性，然后通过分析和学习，在掌握新型机械原理、特点的基础上，合理配置和组织现场机械进行施工，加之新工艺和新技术的全面应用，以此从根本上提升公路养护质量。

第三章　公路养护技术的实践应用研究

第一节　预防性公路养护技术应用

在公路养护中，预防性养护技术应用的非常广泛，能够减少资源浪费，有效修复公路破损的地方，延长公路工程的施工寿命，保证公路的最终质量。基于此，本文从预防性养护技术的概念出发，详细分析了其优势和具体应用，具有良好的借鉴性意义。

随着我国社会生活水平的不断提升，公路建设得到了迅猛的发展，其不仅是百姓交通生活的基础，更是快节奏社会生活的媒介。随着社会生活对于交通需求的不断增大，公路事业的发展势头十分迅猛，交通管理部门在加大公路建设投入的同时，也提升了对公路养护工作的重视。为了保证公路能够始终处于一个良好的工作状态下，目前我国绝大多数公路都是以预防性养护为主，希望能够通过对于公路病害的预防，来杜绝病害的出现，从而避免病害对公路交通性的影响。

一、预防性公路养护技术的概念

预防性公路养护的针对对象，主要是那些经过长年使用之后，其可使用寿命降低到了原先的四分之一水平，其有效功能降低到了原来的一半水平的公路。这些公路如果不能及时地得到保养和维护，其寿命和效能就会在短时间内迅速地下降，从而导致路面的彻底损坏。一旦路面彻底损坏，就不得不需要投入更多的资金，付出更高的代价来对公路进行重建或翻新。而预防性公路养护技术则避免了这一点，预防性公路养护技术需要采用先进的技术来对路面的具体情况进行扫描，并及时地找出公路当前存在的各种问题，采取合理的手段，对公路进行维护和保养，从而扫除潜在的风险因素。与传统的公路维护技术相比，预防性公路养护技术则更为科学而可靠，对于路面的维护保养水平更高，保养效益更强。

二、预防性养护技术现实意义

减少资源浪费。在实际使用和运营的过程中，路面是养护工作中的一项重要内容，需要对使用时间、施工技术、材料性质等进行综合考虑，采取合适的措施，增强措施的合理性与针对性，使其能够与实际情况相互适应。贯彻的时候，需要对养护工作的难度进行划分，在养护阶段，重视巡查工作，及时找到路面中存在的问题，对造成问题的原因进行排查和处理。将路面的平整性与光滑性作为关键性评价指标，在增加保护膜和节约资源的基础上，使公路的使用时间和年限得到有效延长，以免公路路面损坏。

节省资金。预防性公路养护技术对于公路维护工程来说，具有非常重要的意义，其重要的一点便体现在其对于资金的节省上。传统的公路养护方法主要是在公路的工作效能降低到了一个相当低的水平下，再对其进行翻修和维护。这种方式的一个重要的弊端是，当公路的工作效能过低时，其很有可能在维护之前便导致安全事故。一旦因为公路路面问题出现安全事故，负责公路维护的相关负责人可能便要承担责任。但是，在对公路实行预防性公路养护技术之后，施工团队便可以及时地发现公路上所出现的各种问题，及时清除安全隐患，防止安全事故的发生。

对公路运行影响较小。采用预防性公路养护技术，对公路的正常运行影响较小。如果是要对公路进行翻修或重建的话，施工团队不得不把整条公路全部封锁，从而加重了公路压力，降低了交通的流通程度。但是，如果采用公路养护技术的话，则可以避免这种情况。公路的预防性养护主要负责找出公路上需要修补的地方，占用的道路少，工作范围小，施工速度快，可以在比较短的时间内完成施工工作，并重新开放交通道路。所以，采用预防性公路养护技术，对于交通的影响还是比较小的。

三、预防性养护技术在公路路面工程中的具体应用

路面的预防性养护技术。路面最为常见的公路病害就是裂缝，其路表积水沿裂缝渗透至沥青路面表层以下后会逐渐腐蚀路面，甚至可能会造成路基的损坏。为了防止裂缝进一步扩大，有效地保护好路基，因此在公路出现裂缝的早期就需要及时修补。裂缝修复常采用的方法是灌缝方式，首先把加热之后的沥青沿裂缝进行浇注，使加热后的沥青沿裂缝充分接触，阻止路表水进一步渗透到路基，此种修复方式是目前沥青路面细小裂缝修复最为常用的方式，主要是因为它的维护成本比较低、维护工序比较简单。如果路面出现松散、龟裂等病害，为了避免了传统清除旧沥青后重新修补存在的质量隐患，那么它的修复可以在确定路基未受损的情况下采用红外线养护修复设备对损坏的沥青路面进行就地加热修补，利用红外线加热这种修补方法不仅可以有效地利用原有路面沥青混合料提高修补速度，还可以节约成本。

微表处理技术。乳化沥青稀浆罩面技术是微表处理技术的基础，具有非常显著的防水性、耐磨性和抗滑性，必须通过科学配比，合理使用聚合物改性乳化沥青，对公路路面的性能进行全面优化，发挥其最大效果。在合理应用这项技术的过程中，需要将路面病害的概率进一步控制，降低路面老化、水分下沉等现象，增强其抗滑性能，有效解决网裂病害与车碾病害，增强车辆行驶的安全性。另外，必须充分意识到微表处理技术的优势，对材料的选择进行严格控制，尤其是强度和弹性等指标，必须符合规定的标准。在运用的过程

中，应加强施工人员的技术培训，使相关人员能够充分意识到这项技术的作用，在考虑季节差异的前提下，最大限度地使用技术，做好各个细节的把控，促进施工和养护工作的顺利进行。

雾封层养护。通常情况下，在松散道路和轻度至中度细料损失的道路模式下往往会采用雾封层这一养护方法，作为保护公路路面最为直接的养护措施，封层技术的使用成本也是较低的。而在高速公路路面的养护工作中如果能够合理地应用雾封层养护技术，那么其就能够很好地预防水伤害和路面老化的问题，其工作原理为在公路路面上直接喷洒乳化沥青，这样在路面上就能够形成一层封闭并且严密的防水层，那么就能够起到很好的防水作用，从而最大限度地阻止了公路路面受到水的损害。另外，采用雾封层这一养护方法还能够进一步地提升骨料和路面之间的黏合度，其养护的成本较低，在沥青路面预防性养护技术中的应用也是较为广泛的。

稀浆封层养护。稀浆封层技术在预防和维护公路表面病害中应用的也比较多，在高温季节能够提升其稳定性，在低温季节能够增强其抗裂性。在实际使用的过程中，需要按照特定的比例，充分搅拌水、填料、乳化沥青与添加剂等材料，均匀摊铺配置的稀浆混合料。在特定的时间内，这些稀浆层会在蒸发之后进行固化，在融合路面的基础上，使路面的使用效果得到增强。稀浆封层技术具有非常突出的优势，可以不经过检验，简化冷却与加热环节，以最简便快捷的方式进行施工，加快施工的进度。同时，在常温条件下，能够使公路建设质量得到提高。

边坡的预防性养护。公路边坡公路工程的主要施工内容，如果边坡发生塌陷，就会对公路路面造成严重损坏。目前我国公路边坡施工的方式主要有两种，一种利用浆砌片石边坡进行施工，另一种是利用土工格植被进行施工。在浆砌片石边坡预防性养护中，要不定期检查防护网的质量，尤其是在多雨的季节更要加大检查和巡视力度，一旦发现防护网被锈蚀或者断裂，要第一时间进行更换。土工格植预防性公路养护中，公路的养护不仅对公路的路面、路基以及排水的养护是重要的，同样对公路边坡的养护也是公路养护的重点对象，公路的边坡一般是使用土工格栅或者是浆砌片石对边坡进行防护，也对边坡中出现的损坏部位进行近及时的修复治理，让地表水不会渗入地基之中，对公路的路基造成破坏，同时防护边坡的措施也不限于对边坡进行修补，也可以在边坡的上面种植植被，对植被进行一定的养护防止其出现病虫害，进而对边坡进行养护，使得路基不会受到雨水的影响。让公路的使用寿命可以得到保障。

综上所述，采取预防性养护技术能够切实提升公路的质量，保证公路的长期运行，需要引起高度重视。在实际使用技术的时候，需要针对实际情况，将各个环节做到位，采取有效的措施，在节约成本的基础上，保证养护技术的有效应用。只有严格规范，才能不断创新技术，增强技术的应用性，与时俱进跟上时代发展的脚步，为社会谋福利。

第二节　公路工程养护中微表处技术的应用

首先介绍了微表处技术的具体概念，随后分析了公路工程养护中微表处技术的应用以及在应用过程中需要注意的环节，最后总结出将微表处技术应用于公路工程养护中可以实现对车辙、细小裂缝、泛油等问题的有效解决和控制，进而延长公路的使用寿命，节省公路建设中的人力和物力。

微表处技术是一种现代预防性的公路养护措施，它是指将各种物料按一定比例进行混合，然后将其铺设在公路路面上形成保护层，从而减少公路磨损。近年来，微表处技术在公路养护中得到了广泛的应用。

一、微表处技术特点

微表处技术是一种预防性养护技术，是对还没有投入使用或是使用后还没有出现损害的公路预先进行处理，以达到延长其使用寿命的目的。需要注意的是，预防性养护只是一种养护的方法，不仅不能增强路面的承重能力，也不能改善路面的强度。

微表处技术作为一种较为常用的预防性养护方法，通常被应用在高速公路、机场跑道等方面的养护作业中。这种技术可以对有效改善松散的路面，防止水分渗入地下，同时还可以提升路面的抗滑能力，延缓路面衰老。微表处技术主要是先将特定的聚合物进行乳化处理，然后将水、沥青等原材料按照一定的比例进行混合，最后将混合料铺设在路面上以实现对公路的养护。在实际施工过程中，采用微表处技术前首先要对原路面存在的问题进行彻底清除。

微表处技术具有施工造价低、施工速度快、处理效果好等优点，可以在很短的时间内完成施工。据相关数据显示，微表处技术施工的速度可达到人正常行走的速度。经过微表技术处理的公路具有较好的封水性、能够避免公路路面水害的持续加重，还可以达到填补路面坑槽、延长公路使用寿命的目的，因此被广泛应用在公路养护工程中。

二、微表处在公路养护中的具体应用

微表处技术施工条件。在选用微表处技术进行公路养护时，首先要确保良好的施工环境。在气候方面，微表处技术在施工和养护期间的温度不能小于 10℃，雨天也不能使用微表处技术进行公路养护。换句话说，就是要尽量保证在干燥的情况下使用微表处技术对公路进行养护，对于那些湿度较大或者有积水的路面，一定要先将水清除干净后才能开展后续施工。针对原路面条件需要注意以下几点：对出现裂缝的公路进行养护时，要先将裂缝进行处理，如果裂缝大于 6mm 要先进行灌缝、填充，然后再用混合料对路面进行铺设；

对结构被破坏的路面进行养护时，要先对路面进行修复；对有坑的路面进行养护时，要先将有坑的地方进行修补；对于车辙小于 15mm 的则可以直接用超级微表进行填补；对泛油公路进行处理时，需要根据泛油的程度先进行预处理，一般来说针对中度泛油和高度泛油都要进行填补处理；对出现渗水、麻面等小型病害的公路可以直接进行微表处。

控制集料。微表处技术可以使路面变得更为光滑，这实际上是和施工过程中用到的集料有关。在选择集料时应该尽量选择硬度、强度和耐磨性都比较好的石料，同时还要确保集料中所含的泥沙量较低，如果泥沙量过高就会增加沥青的使用量，进而影响微表处的稳定性。此外，选择棱角比较多、质地比较粗糙的集料也可以增强封层的耐磨性能。

填料的选择。填料要尽量选择硅酸盐水泥。填料的作用主要就是对级配进行改善，提升混合料的稳定性，加快乳化破除的速度，进而加强封层强度。

水的选择。最好选择饮用水，饮用水可以加速混合料的融合，同时保证集料和沥青间的化学性能较好。

乳化沥青的选择。乳化沥青的主要作用就是黏结，在选择时需要根据实际情况选择合适的乳化沥青。

微表处施工流程。微表处技术的施工包括以下几个步骤：混合料组成实验、设备准备、施工前的准备工作、试铺、开展铺设工作。下面将对这几个步骤进行详细介绍。

第一阶段，混合料组成实验。这一阶段主要是对混合料的配比进行设计，这是保证整个施工能够顺利进行的前提。混合料配比必须经过拌和实验和性能测试后才能选择出最为合适的配比。测试的内容包括混合料的融合时间、初次凝结时间、公路开放通行的时间等。在实验过程中，混合料乳化沥青用量主要是通过负荷轮和湿轮磨耗的方式来进行确定的，通过这两个实验可以对乳化沥青的使用量进行确定。混合料融合时间是能否顺利进行施工的一个重要标准，因此一定要严格控制搅拌时间，在施工中可以将特定的化学品添加到拌料中，以达到减少或增加搅拌时间的目的，使混合料达到预期的效果。此外，凝固与开放通行时间也要进行实验测试。一般来说，混合料的配比应该和破乳的时间相同，混合料的黏聚力应该在 0.5 ~ 1h 之间。

第二阶段，准备施工中所需的设备。在进行微表处技术施工时，可能用到的设备有微表摊铺车、摊铺箱、水箱、车辙摊铺箱、集料、检验混合料所用的仪器等。工作人员要在施工前将这些设备准备好，以便施工能够按时完成。

第三阶段，施工前的准备工作。在正式施工前，需要做到以下几点：首先，根据公路养护施工的实际情况，对摊铺车进行标定，选择合适的料门高度，绘制出标准曲线，为工作人员施工提供依据。其次，对施工所需要的填料和添加剂进行标定，并将得到的标准曲线绘制出来。

第四阶段，试铺设。对小样拌和实验进行试铺，对试铺结果的外观质量进行记录，然后根据试铺结果进行适当修正。

第五阶段，摊铺工作。第一步，先将混合料转运到摊铺机中，然后将摊铺机行驶至施工地点，和控制线进行对准，对摊铺箱的厚度和弯曲度进行调整。第二步，调整混合料的流向，使混合料可以均匀地流向摊铺箱的左右两侧，同时还要对水量进行调整，确保黏稠度适当。第三步，当摊铺箱已经呈现出均匀分布时，要告知驾驶员启动底盘，让驾驶员调整驾驶速度，缓慢匀速前行。一般来说，速度应该控制在 1km/h 左右，这样可以保证摊铺量一致。第四步，在完成摊铺后，工作人员应该对摊铺工作进行检验，检查是否全部铺平。重点对起终点处、接缝处、不平之处进行检验，在检验过程中如果发现粒径过大的矿料，工作人员应该对这些颗粒进行及时清除、填平。

三、注意事项

实际施工过程中，应该注意以下事项：

第一，如果出现横波纹，可能是因为浆的黏稠度不合适，工作人员要对浆的黏稠度进行调节，控制水的加入量，将皮子拉紧或更换皮子。

第二，如果出现刮痕，可能是混合料中含有乳块，可以用铁铲将刮痕磨平。

第三，如果出现厚度不均匀的现象，可能是皮子过紧，应该对皮子进行松弛并对厚度进行控制。

第四，如果出现泛油现象，可能是在设备标定时出现误差，要对设备进行重新标定，对料门高度进行重新调整。

第五，如果出现松散和脱落的现象，要先将原来路面上的杂物清理干净，同时合理控制施工混合料的配置比例。

第六，如果出现缝隙连接处凹凸不平的情况，可以先用水打湿，然后再对接缝处的凸起部分进行处理。

综上所述，微表处技术是一种高效、新型的公路养护技术，可以有效改善路面泛油、松散的情况，延长公路的使用寿命，同时美化路面并改善路面的平整度。在利用微表处技术施工时要严格按照施工步骤，在完成施工后也要对施工的质量进行检查，确保高质量的施工，从整体上提升公路的使用性能。

第三节　公路维修养护中新材料与新技术的应用

随着我国公路建设速度不断加快，公路养护成为公路管理维护部门非常重要的问题。在进行公路维修养护过程中，不断出现新材料和新技术，有效地提升了公路养护的性能，保证了公路的质量。公路维修单位需要根据公路实际的运行状态，分析公路出现病害的原因和等级，然后采取合理的施工技术，选择最佳的施工材料，做好公路修复工作。因此，该文主要针对公路维修养护中的新技术和新材料的应用展开论述。

在当前的形势下，我国公路建设规模不断扩大，极大地满足了国民经济发展的需求，但是随着公路里程的增加，相应的公路维护量也不断增加。我国各地方公路养护部门也认识到了这一点，不断加大力度对公路进行维修与养护，有效改变了公路损坏以后无人管理的情况，保证了公路的安全性，延长了公路的使用寿命。为了保证公路质量，延长公路寿命，公路养护部门需要针对公路运行状态，不断采用先进的施工技术和新型的施工材料，提升维修的质量与效率，满足实际生产施工的基本要求。但是在实际维修过程中，维修人员依然采用传统的维修方式，不仅增加了劳动强度，而且维修效率低下，无法有效保证公路维修质量。因此，该文结合公路维修的现状，针对公路维修养护中新材料与新技术的应用展开论述，针对不同情况提出相应的解决措施。

一、常见的公路维修技术与材料

在通常情况下，公路维修保养工程主要分为小面积修补和补缝处理。大中修工程主要包括大面积修补和路基处理。作为修补人员需要结合具体的修补形式，采取不同的处理工艺，从而满足实际生产施工的质量要求。

第一，进行小面积修补。根据公路实际运行的情况，受到自然因素和车辆荷载的影响，路面经常出现小面积的病害，这种病害分布区域广，点位很多，这就要求维修人员结合病害的特点，合理搭配维修设备与施工人员，在保证维修质量的同时，提升维修效率。为了有效减少设备的使用数量，提升设备移动的机动性，在成品料到热压实之间的环节，维修人员要使用车载设备完成，从而满足实际生产的基本要求。

第二，补缝处理。在进行补缝处理过程中，维修人员需要对路面横向裂缝和纵向裂缝进行处理。造成路面裂缝的原因主要由于路基局部变形或者沉降引起的，裂缝一旦没有得到及时处理，在雨水和车辆荷载的影响下，就会导致路基出现大量下沉问题，产生更为严重的问题。因此，维修人员可以利用加热保温改性沥青和补缝剂，利用加热补缝设备进行补缝。为了提升补缝的效果，维修人员需要做好辅助准备工作，对缝隙进行彻底的清洗和切割，为后续工程维修创造良好的条件。

第三，大中修工程。在进行大面积修补工程施工过程中，对施工技术要求很高，需要大量的施工机械设备和装备。高等级公路对维护标准要求比较高，会对公路交通产生一定影响，需要维修单位配合交管部门做好交通疏导工作，有效减少维修施工难度。维修单位可以采用集中施工作业和流水作业的方法，提升施工效率，合理安排施工工序，优化现场人员与机械现场配置。由于公路大面积修复施工技术工艺比较复杂，需要大量的施工机械设备，这就要求施工维修选择的简单容易操作的配套设备，像勘测仪器和乳化沥青撒布车。在重点施工环节上，施工单位需要不断改进传统的施工维修工艺，选择单机，提升施工效率。

第四，路基修补。由于路基不稳定，路面出现松散或者裂缝问题。因此，为了满足公路实际生产要求，维修人员需要对病害的基层进行处理，结合不同类型的面层，采取不同的处理措施，重点做好分层处理，满足实际生产的基本要求。另外，在进行路基维修过程中，施工维修人员需要明确维修工序，建立完善的施工组织计划，消除周围潜在的不良因素，提升维修的效果，保证维修的质量。

二、公路维护新技术和新材料的应用

随着我国公路行业的发展，交通运输负荷不断增加，公路维修难度不断加大。与国外相比，我国公路损害程度较为严重。因此，维修部门需要不断应用新技术和新材料，提升维护效率，保证维修质量。下面主要针对公路维护新技术和新材料的应用展开论述。

公路维护新技术。第一，cape 封层技术。cape 封层技术就是以石屑罩面封层技术为基础，融合吸浆的封层技术，实现了 2 种技术的优势互补，保证公路基层的稳定性。在实际维修过程中，可以利用单层或者多层的方式，满足实际维修质量标准。这种技术通过长期的应用与发展，不断进行更新，融入更多新的元素，施工人员可以把阴离子乳化沥青吸浆应用到大骨料石屑罩面上，进行封层处理，提升路面的抗磨损性，延长公路的使用寿命。

第二，夹心式石屑封层技术，就是把一层结核性新型材料填充到 2 层石屑封层内部，对原有的封层进行改良，然后在封层上铺设粒径相同的石屑，然后使用钢轮进行碾压，最后的喷砂沥青混合料，从而实现维修的目标。在通常情况下，铺设石屑的粒径要控制在 2.36 ~ 4.75，可以保证实际维修的效果，有效提升路面的防滑性能，保证道路安全运行。

公路养护新材料。随着公路养护技术水平不断提升，出现了大量的新型维修材料，在实际施工维护过程中，不仅提升维修的效率，而且降低施工人员的施工强度，最大限度地保证工程质量。下面主要针对当前公路养护新材料展开论述。

第一，聚合物面层材料，这种材料主要应用在公路修复施工和重建施工中，具有很强的抗腐蚀性，可以有效避免除冰剂对路面混凝土产生的不利影响，提升公路性能，保证公路运行安全。在实际应用过程中，聚合物层面具有很强的柔韧性，内部含有很多含氧物质，可以保证公路的耐久性和稳定性。因此，聚合物面层材料的应用，可以有效提升公路的安全性能，保证施工维修质量，创造更多的经济效益和社会效益。

第二，沥青改性剂的应用。随着我国公路建设行业的迅速发展，改性沥青在公路施工中得到了广泛的应用，可以有效保证公路的稳定性。在通常情况下，改性沥青在塑料和相交等领域应用比较广泛。随着公路施工技术工艺水平日益提升，不断研发出新的改性沥青，其中复合纤维沥青改性剂的应用，可以提升公路沥青的热稳定性，规避潜在不良因素对公路的影响。在进行公路维修过程中，施工单位需要结合施工现场情况，分析原有道路沥青性能，充分运用沥青改性剂，提升公路维修的效果，进一步延长道路的使用寿命。

第三，扩张网的应用。扩张网在当前公路维修与施工过程中得到了广泛的应用，运行原理就是切割好承受力强的钢材，然后运用到公路混凝土基层，对混凝土进行补强，实现钢材与混凝土的有效结合，提升公路抗裂性能和稳定性，提升公路维修的针对性和有效性。

这就要求维修施工单位根据公路的等级，分析公路基层的性能，结合实际情况，合理应用扩张网，有效提升原有道路的性能，满足公路安全运行的基本要求。

第四，采用抗车辙剂。在公路运行过程中，受到车辆荷载的影响，路面经常出现车辙。为了有效消除车辙，保证路面的平整性和稳定性，维修施工人员可以采用抗车辙剂。这种材料呈黑色颗粒状，主要包括很多精致聚合物，可以提升路面黏度和强度，保证沥青混合的稳定性，提高路面抗压性能。根据实际应用的情况，抗车辙剂在实际应用中，可以获得良好的效果，得到了较为广泛的应用。因此，公路维修单位可以选择抗车辙剂，保证实际维修的效果。

就目前而言，我国公路维修新技术和新材料应用方面落后于国外发达国家，为了进一步提升维修效率，保证维修质量，维修单位需要不断引进先进的维修技术，不断应用新的材料，探索新的维修方式，尤其要加强节能环保材料的研发力度，提升公路维修和养护的水平。

第四节　公路养护工程中旧路冷再生技术的应用

首先介绍了旧路冷再生技术的含义、应用优势及施工流程，包括制定方案、铣刨、掺入添加剂、拌和等。重点探讨了旧路冷再生技术在公路养护现场的应用，如某地公路养护工程概况、旧路冷再生技术在公路养护现场施工。结论证实，相关的施工企业就可以在公路养护工作中积极的分析公路养护需求，严格按照施工工艺、施工路程展开作业，对施工各个环节的施工质量进行严格控制，提升参与施工作业的各个工作人员的专业素养，及时总结施工经验，从而促使旧路冷再生技术的不断发展。

一、旧路冷再生技术

旧路冷再生技术的含义。旧路冷再生技术是当前公路养护中一种重要的养护技术。在公路养护中应用旧路冷再生技术，首先要对已经出现破坏的旧路面进行破碎、翻挖和铣刨，在此基础上，对已经翻挖和铣刨的旧路面材料进行分析与筛选，根据分析的结果，在其中掺入添加剂与再生剂，在自然的气温环境下对掺入添加剂与再生剂的旧路材料进行搅拌，然后再进行铺洒、碾压以及成型施工作业，最终建成性能得到有效提升的新路面基层。

旧路冷再生技术的应用优势。与传统的公路养护技术相比旧路冷再生技术具有较多的优势，不仅可以有效根治原有路面的问题与病害，还能在原有路面基础上施工，有效节省成本，且旧路坑再生技术在施工结束后的稳定性与保障性极佳，更容易操作施工。具体表现为以下几点：首先，可以创造较大的经济效益。通过大量的实践调研，一般来看冷再生的价格基本保持在每平方米 12 元，与传统的公路养护中使用的石灰土基层相比，可以节省约35%的资金。而且随着我国旧路冷再生技术的不断更新，实际施工中产生的人工费用、机械台班费用越来越少。因此，可以说，在公路养护中就可以通过使用旧路冷再生技术，使公路养护单位的成本控制在比较理想的状态。其次，在公路养护中应用旧路冷再生技术与以往的公路养护方式相比，社会效益更佳。因为传统的公路养护工作一般都是先对破损的问题路段进行开挖，然后再回填养护材料，这种施工方式不仅施工时间较长，而且施工之后产生的成本较大，施工还会对周边环境产生一定的影响。应用旧路冷再生技术，在施工中就可以合理应用原有路面的废旧沥青材料，这不仅可以节省成本，还能有效减少对环境的影响，且施工所用时间相对较短。因此与传统的公路养护方法相比，社会效益更好。

旧路冷再生技术的施工流程。在公路养护中应用旧路冷再生，要求相关的技术施工人员行必须要严格遵守相关的施工规范，应用规范化的施工工艺，不仅能够保证施工各个环节顺利进行，也能保证公路养护工作的质量。旧路冷再生技术的施工流程具体如下：

（1）制定合理的施工方案，清理施工路面上的杂物。相关的技术工作技术人员首先要对原来的路面状态进行全面、准确分析，尤其需要分析原来路面的含水量、损坏程度、路面强度以及厚度等数据信息，以此作为设计施工方案的重要依据。在确定旧路改造施工的方案之后，要组织施工人员及时对路面上的各类杂物进行清理，尤其需要对路面上的垃圾、石子以及其他废弃物品进行全面清理，从而保证后续施工正常、顺利进行。

（2）采取必要的交通管制。在应用旧路冷再生技术养护公路的时候，还要与相关的部门进行沟通与联系，在施工道路路段要提前设置封闭路段的标志，避免施工过程中有其他非施工人员进入到施工区域内影响施工的正常进行。要在施工区域上设置诸如指示牌、指示灯等多种交通标志，对施工周围的来往车辆形成较好的警示作用。

（3）铣刨、粉碎、翻松。在对原有路面所使用的技术进行分析之后，还需要将旧路冷再生技术的实际应用范围进行设置，将再生深度控制在合理的范围内。在实际的施工中还要求工作人员应用关联的设备设置在合理的范围内进行操作，还要进一步应用刨机粉碎、铣刨需要进行改造的路面，在路面完成翻松工作结束之后，还要对其中的一些大颗粒杂物进行清除，这在一定程度上也会使得后续施工中的添加剂使用环节更加合理。

（4）掺入添加剂。在第一环节对原来的路面状态进行分析，就可以根据分析结果在其中添加适当比例的水、骨料以及稳定剂。在实际的铺洒作业时，相关的施工人员还要对铺洒的均匀程度进行控制，对于使用液态剂和固态剂等使用情况进行明确的区分，在此基础上还要根据公路的养护要求、路面的强度以及路面再生效果等对养护结果进行综合考虑。可以通过应用相关设备实现该目标，也可以通过人工手动施工来实现公路养护要求，但是需要保证通过人工施工作业的部分能够满足公路养护规范。

（5）拌和。该阶段是公路养护中应用旧路冷再生技术的重要环节，在该环节要保证再生材料拌和情况符合设计要求，该环节施工工艺会对后续的施工产生直接影响。根据大量的实际施工情况来看，使用较多的是 CATRM 系列冷再生机。在拌和的过程要注意保证控制拌和的深度，因此就必须设置专门的岗位，指派工作人员关注拌和的深度，使得添加剂与沥青材料等进行充分搅拌，保证搅拌材料、添加剂的均匀，从而保证旧路冷再生技术施工中再生材料的质量。

（6）碾压。相关的工技术人员是否掌握较好的碾压施工工艺对旧路冷再生公路养护技术施工的质量会产生重要的影响。在碾压施工过程中必须要保证单钢轮震动压路机碾压路面的频率、振幅，最终实现对路面的改造。要求施工技术人员能够采取初压、复压和终压的方式施工，及时进行修正，使得碾压过的路面满足施工设计要求。

（7）养生。在施工过程中要求相关的施工技术人员能够掌握本次公路养护施工中的添加剂质量与添加剂用量、再生材料的性能以及公路的路面温度等多种要素进行合理控制。在应用旧路冷再生养护技术的过程中还要在阶段施工结束之后及时在路面洒水，在完成完整的施工养生作业之后，该公路养护工作告一段落，之后才可以投入使用。

二、旧路冷再生技术在公路养护现场的应用

某地公路养护工程概况。某公路在通行十年之后的质检书发现，在其中长度为 20km 的沥青路面出现比较严重的大面积网裂、沉陷问题，对该公路路面外观与通行安全会产生比较深入的危害。为了能够提升该公路养护的质量，就必须要采取有效的措施。相关公路养护施工单位通过分析路面情况，最终选用旧路冷再生技术。

旧路冷再生技术在公路养护现场施工。首先，相关工作人员根据本次旧路冷再生设计养护公路，需要准备全面的施工设备，诸如维特根 WR2500S 型冷再生机、洒水车、平地机、压路机、水泥运送车、推土车和切割机等设备，结合施工的需要设置保养、检测等相关要求对设备进行安装，还要求相关的施工设计人员能够对拌和水的质量、水泥型号等进行规定。本次公路养护使用的水泥选择缓凝型 PS32.5，矿渣水泥及其掺量为 5%，冷再生结构骨料与填充料选择旧料及骨料粒径＞ 4.75mm 的质量比例为 46% ~ 66%。其次，要求施工人员对养护施工路面进行清理，清理施工旧路两侧的石头，将其松铺系数控制在 1.33。再次，在施工过程中，要求水泥摊铺的混合料质量为 370.8km/m^2，施工方式为人工均匀摊铺。为了能够保证混合料的级配，要求冷再生机的铣刨速度、出场转速和破碎梁压力控制在 6m/min，150r/min 和 6Pa，用推土机做好初平工作，用平地机找平，然后均匀压实整幅再生材料，使用 YZ220 压路机碾压四遍后进行封点，在该过程必须要保证混合材料被连续碾压。最后，在混合料碾压结束之后，用土工布覆盖路面，采取洒水养护措施，养护至少一周，在该期间内该路段封闭交通。

综上所述，旧路冷再生技术是公路养护中重要的施工技术，在实际的应用中具有较大的优势。因此，相关的施工企业就可以在公路养护工作中积极分析公路养护需求，严格按照施工工艺、施工路程展开作业，对施工各个环节的施工质量进行严格控制，提升施工作业各个工作人员的专业素养，及时地总结施工经验，从而促使旧路冷再生技术的不断发展，为提升公路养护质量奠定坚实的技术基础。

第五节　高速公路养护中超薄磨耗层技术的应用

为了保障高速公路的运输能力与使用寿命，相关部门应积极做好公路的养护工作。经过实践，研究人员认为，在养护工作中，通过超薄磨耗层技术的应用，可以实现交通负荷大、路面要求高的道路的有效养护。论文针对超薄磨耗层技术在高速公路养护工作中的应用情况进行了分析，旨在为后续研究奠定理论基础。

近年来，在经济发展的推动下，我国交通运输能力得到了显著的提升，从而使我国高速公路的承载力与负荷明显增加，导致了路面损坏情况的加剧。这种情况的出现，不仅缩短了高速公路的使用寿命，而且还不利于路面施工管理工作的开展，对公路运行的安全性与稳定性造成了极大的威胁。因此，相关部门有效落实公路养护工作，对于保障我国公路运输能力具有积极的意义。经过长期探索，研究人员认为，在施工技术问题上，与其他技术相比，超薄磨耗层技术的施工速度更快、效率更高，对于路面的维护效果更好，因而得到了广大施工人员的一致认可并广泛应用于实际养护工作中。

一、简述超薄磨耗层技术

超薄磨耗层技术是公路养护技术之一，主要用于对路面性能要求高且交通负荷量较大的高速公路。同时，由于其具有较强的抗滑性、抗磨损性以及抗车辙能力，因此，可以有效实现水泥路面与沥青路面的病害养护与预防，对于路面寿命的延长具有积极的意义。相关资料表明，在公路养护工作中，通过该技术的应用，可以有效解决路面纹理深度不足、摩擦系数不足以及轻微路面病害等问题，从而实现路面整体性能的有效强化，有利于高速公路安全性的提升。

二、超薄磨耗层技术主要优势

工程的施工速度较快。以京哈高速为例，在施工过程中，超薄磨耗层技术所应用的材料可以一次性进行铺设，同时，在铺设完成后，即可实现高速公路的开放使用，不需要对相关路面进行重复铺设，从而极大提升了相关高速路段养护工作的施工效率，降低了工程建设的总体时间，实现了高速公路压力的有效缓解。研究表明，在应用了该技术后，京哈高速的养护工程用时缩短了 30%，同时，与养护前相比，公路的事故率出现明显的降低，从而有效保障了道路的通畅，为行车者提供了一个安全便利的路面条件。

实现路基的有效保护。在超薄磨耗层技术所使用的材料中，沥青材料可以对高速公路路基中的矿粉进行有效的吸附，同时，通过对矿粉进行吸附与融合，沥青材料可以有效形成一种全新的分隔层，用以实现对水分的隔离与限制，从而有效避免由地表水下渗所导致的路基损坏。在京哈高速施工过程中，通过该技术的应用，路基的使用寿命较其他路段提升了 20% 左右，且经过含水量测试后发现，应用超薄磨耗层技术的路面中水分含量更低，路况也相对更加完善。

推动路面性能的提升。在路面性能方面，通过该技术的有效应用，可以实现路面总体性能的有效提升。具体来看，在经过超薄磨耗层技术施工后，相关路面的抗滑性、抗磨损性、防水能力以及抗车辙能力均可在短时间内实现较为明显的强化，从而确保了车辆在此段路面行驶过程中所具有的安全性，降低了事故发生的可能性，为人民群众的生命与财产安全提升了坚实的保障。

工程造价相对较低。从施工成本的角度考虑，由于该技术的施工效率相对较高，有利于缩短养护工作的整体周期，因此，降低了施工成本。对于相关公路管理部门而言，该技术的普及推广，可以实现公路养护成本的有效缩减，从而实现资金的合理分配，对于相关工作的有效开展提供了相应的保障。

三、超薄磨耗层技术在高速公路养护过程中的应用情况

公路养护施工准备阶段。为了有效对公路进行养护，在施工前，相关部门应做好相应的施工准备。主要准备内容包括安排专人对原路面进行相应的清理、对相关设备进行检查以及严格控制物料的规格等。其中，在清理的过程中，施工人员可以通过压风机等设备的应用对路面缝隙中存在的杂物、沙砾以及灰尘进行清理，确保路面处于干燥状态，并有效开展里面的拉毛处理。此外，应安排专人对施工过程中所涉及的矿粉、沥青、结合料以及集料等材料进行选择与检查，确保材料的性能符合施工要求。在混合料中，所需的填料应采用岩浆岩或石灰岩所制成的矿粉，在质量检测方面，应符合 T0351 的测试要求。

在此过程中，鉴于沥青结合料的技术要求相对较为严格，在选定材料后，应对结合料进行多次测试并对结果进行记录，对质量不过关的物料予以坚决清除，从而有效保障其满足施工需求。

混合物料的生产与运输阶段。作为施工中重要的材料之一，混合物料的质量对于养护工作的效果具有重大的影响，因此，在对该物料进行制备的过程中，相关工作人员应严格依据相应的比例对相关材料进行混合，以便保障混合物料具有稳定性。在材料搅拌过程中，施工人员应对搅拌温度与搅拌的持续时间进行有效控制。在绝大多数情况下，当混合料呈均匀分布时，则表示搅拌工作完成。为了确保混合物料在运输过程中不会受到其他因素的影响，在运输前，相关人员应对运输车进行全面的打扫，确保车内的整洁，并在车体内部喷涂防薄膜剂，从而降低混合物料出现污染的概率。为了避免物料温度的急速下降，在运输过程中应做好物料的保温工作，使用相关设施对物料进行有效覆盖。当混合物料运抵施工现场后，应指派专人测量物料温度，并通过相应手段将其温度控制在 175℃左右。

物料的分摊与平铺阶段。施工过程中，在对混合物料进行分摊与平铺时，相关人员应

选取专业的机械设备进行操作。同时，为了确保摊铺的效果，在施工前，施工人员应对设备的各项摊铺数据进行检查与矫正，并在料斗与送料器表面进行防黏剂的涂抹，以便有效避免混合物料在设备上出现黏结现象。在京哈高速摊铺过程中，施工人员对混合料进行了定期的温度检测，确保其与相关制度的要求具有一致性。在具体施工中，施工人员积极确保相关施工设备可以以匀速的方式前进，以便保障摊铺的实际效果。对于设备施工死角，施工方应派遣专人进行人工铺设，以便保障道路的总体效果。同时，人工铺设应确保施工缝隙与机械铺设平行，从而避免波浪形曲线出现。在施工完成后，应对施工缝进行切割，切割角度为90° 。

物料的碾压与处理阶段。当摊铺工作完成后，应适时对相关物料进行有效压实。具体来看，当物料的总体温度低于120℃时，施工人员即可对其进行压实。在碾压过程中，为了保障碾压质量，施工人员应根据道路实际情况对压路机的规格进行有效选择，从而保障路面得以均匀压制。通常来看，为了确保路面压制效果，上述工作应在物料温度低于110℃之前完成。为了避免物料在压路机上出现黏结，应在施工过程中适当进行洒水，以便保持设备的湿润性。针对施工过程中的纵向接缝，在碾压过程中，应先进行侧压再进行纵向碾压，以便确保接缝的有效消除。当碾压工作结束后，应及时将压路机驶离路面，以免对路面造成破坏。

随着经济的发展，道路交通运输量的扩大必将成为我国未来很长一段时间内的主流趋势，同时，由此带来的高速公路压力也必将不断提升。为了有效解决这一问题，相关部门应积极推动高速公路养护技术的优化发展，从而保障公路安全性与使用寿命的有效延长。在现有的公路养护技术中，经过实践证实，超薄磨耗层技术所拥有的施工效率相对较高，该技术的应用，可以在确保路面养护质量的同时实现路基的有效保护，从而推动工程总体施工成本的下降，为公路养护效果的提升奠定基础与保障。因此，为了有效促进我国公路事业的发展，应积极推动该技术在公路养护工作中的应用。

第六节　不同地理区域环境下公路养护技术应用

随着我国经济、社会的快速发展，人们对公路的养护要求越来越高，如何在新的发展形势下做好公路的日常养护工作是个大问题。公路养护是确保公路正常运营的关键，文章对平原地区、沙漠地区、山区农村地区、黄土地区的公路养护技术进行了分析，以便更多的了解在不同地理区域环境下的公路养护技术和特点，以供参考和学习！

一、平原地区的公路养护技术

平原地区公路及养护特点。平原地区地面高度变化微小，偶尔有轻微的起伏和倾斜。

平原地区除泥沼、盐渍土、河谷漫滩、海边滩涂等外，一般多为耕地，分布有各种建筑设施，居民点较密，在天然河网地区，多有水塘、河汊、沟渠等。平原地区选线，一方面由于农田密集、水渠较多，工业区和城镇较多，居民住宅也密集；另一方面，由于地势平坦，路线纵坡等容易达到技术标准。同时，由于平原地区公路行车速度较快，车辆载荷较大，对路基路面的质量提出了更高的要求。因此，在公路养护方面也要求更高，需要做好日常性养护工作，确保路基稳定，即便路面开裂也能够及时进行修复，以上种种因素，导致平原地区公路养护技术有其特殊之处。

公路养护技术的要求和原则。平原地区公路路基在长期的行车荷载和自然因素作用下，易发生变形和破坏，若不及时养护和加固，就会引起病害。养护和加固的目的是使路基保持一定的强度和稳定性。因此，对于平原地区的养护主要是路肩的养护与加固，边坡的养护与加固、边沟的养护及加固、路基的加宽与加高、急转弯的改善等内容。

二、沙漠地区的公路养护

沙漠地区的公路养护主要是为了避免风沙吹到公路路面上来，影响公路车辆的正常行驶，因此，在沙漠公路养护过程中主要工作就是公路两旁的固沙工程，对于部分水文地质条件较好的路段，可以拓展滴灌技术在防沙体系内抗风植林，形成一道防风固沙体系。其次，风沙作用方向和强度在公路东西两侧及同一地貌单元垂向上的差异，使防沙体系在沙害类型和受损程度、不同地域产生不同结果。为此，必须根据不同地域公路虑及防沙体系风沙危害特点因地制宜采取相应防治方案和维护措施，对阿和公路不同沙害路段进行工程防沙体系恢复设计时，要深入现场根据当地地形、地貌、气候、河流变化、社会因素等综合因素充分了解地质水文等情况统筹重点治理。再次，上风侧防护带宽度一般需根据风沙活动程度、地形条件、具体防沙方法和材料性能和寿命等来确定。现有防护带宽度一般为 40 ~ 60m（个别特殊路段甚至更宽）。因内部发生的风蚀和沙埋严重影响半隐蔽草方格沙障使用寿命。无论固沙带设置多宽，固沙带内部沙害导致草方格最多维持使用 3 ~ 6 年即被部分掏蚀或沙埋而失效，养护管部门根据安全使用情况在每个养护周期内在全断面内更新、加固沙带。从此实际情况来看，千篇一律遵循标准设置宽度较大的草方格固沙带无此必要。应将草方格使用寿命与固沙带合理宽度、当地气候条件与风沙影响因素相结合，与高立式沙障综合考虑以节省必要的资金进行全面防护。

三、山区农村地区公路养护技术

山区公路养护效果可直接体现在山区公路路况上，且与人民群众的生命财产安全有着密切关联，因此加强山区公路的日常养护管理、提升山区公路养护质量，是促进我国山区公路事业发展、保障人民生命财产安全的必然要求。随着我国经济、社会的快速发展，人们对山区公路的养护要求越来越高，如何在新的发展形势下做好山区公路的日常养护工作，是广大山区公路养护管理单位或者企业必须解决的问题。

长期以来，山区农村地区养护工作都没有得到足够的重视，近年来，我国山区农村公路的养护工作才逐渐进入人们及各级政府的眼中，由此，也在逐渐开展相应的养护工作，但现阶段仍然存在一些问题。这些问题主要表现在：养护管理模式繁杂却并没有发挥该有的效用；整体的养护管理水平不高；养护人员的养护意识不够，使得有些路段处于失管状态；某些山区县镇道路并不通达，无法顺利对山区农村公路进行管养。产生这些问题最主要的原因是由于我国山区农村公路的养护工作起步较晚，很多路段没有配备专业的养护人员，地方的公路养护意识薄弱，山区农村公路养护的制度化和管理机制没有真正投入运营。一些乡镇地方的财政困难，对于山区农村公路的养护投入资金不足以满足实际养护需求。

因此，首先应该是加强政策扶持，多方筹集建设资金。制约山区农村公路发展的重要因素之一就是资金问题。就目前我国山区农村公路养护现状来说，要解决农村公路的养护问题，首先要提高资金投入，针对贫困山区要加大扶持力度；然后要解决资金拨付的速度问题，往往因为资金的拨付、审批问题导致山区农村公路延误工期，影响公路的使用；再次，当前的建材市场价格波动较大，必须及时做好预算计划，有关部门也要加强行业的宏观调控，只有建材市场的价格形成规范化，才能为山区农村公路的顺利实施提供保障；最后必须组织好群众参与到农村公路的建设中，提高配合度，鼓励各村经营沿路两侧土地的积极性，充分利用新修建公路两侧土地的升值空间，拓宽建设资金筹措渠道；对捐资捐款数额较大的社会名流、企业家、经营成功人士制定激励措施，并通过新闻媒体加大对其宣传力度。其次，改进养护模式，探索山区农村公路养护方法。对于山区农村公路养护主要是由县乡公路管理所负责的，因此，要责任到人，做好养护管理目标，对于山区农村公路最大的受益者就是农民，因此，要把山区农村公路的养护放在首位。

四、黄土地区公路养护

黄土因其特有的结构使土质具有特殊的性质，在干燥时强度较高，成型后牢固性能好，但是遇水后结构立即遭到破坏，失去了原有的形态与牢固性。湿陷性黄土高速公路就是指将高速公路建筑在这样的土体上，黄土受气候条件影响，或经过雨水的浸润，在外加负荷或在土的自身重力作用下发生下沉的现象。这样的高速公路路基很容易发生病害，在湿陷性黄土路基破坏中，主要的表现形式有路基沉陷、路基陷穴以及路堤的破坏，其原因也多有不同。但是在所有的原因中，最关键的因素是地貌水流的冲刷和地下水造成的各种侵蚀、坍塌以及变形，相关部门正针对这一问题进行加大力度解决。对于黄土地区公路养护主要采取的措施：①采用抗湿陷的技术，通过化学处理和物理加固等方式，对公路路基进行加固处理。②做好完善的排水措施。黄土地区由于吸水性较强，水被吸收后排出难度大，因此，积极做好排水工作对于公路的养护至关重要。

不同地理环境下的公路养护需要根据当地的实际地质情况，采取适合自身的公路养护方法，对于平原地区的公路，主要是注意路基路面的养护工作，避免路基沉陷等；对于沙漠地区的公路养护，主要是做好两侧的防风固沙，做好公路的日常养护，确保正常通行；对于山区农村地区的公路养护，主要是确保有足够的资金，能够确保养护工作的正常进行；对于黄土地区的公路养护，主要是做好抗湿陷和排水措施的处理。总之，确保公路养护能够经济、可行、有效，能够延长所养护公路的使用寿命。

第四章　公路工程管理研究

第一节　公路工程管理中的问题与改善

本书主要从技术人员管理问题、施工质量问题、合约问题及成本管理方面分析公路施工管理中的问题，进一步提出公路工程管理中问题的解决措施，主要通过理论与实际相结合、增强技术检测能力、建立公开招标平台、建立科学施工队伍方面来实现，旨在提升管理成效，维护公路工程建设的综合效益，供相关人员参考。

近几年，我国公路工程建设过程中，由于管理不到位导致诸多问题出现，此种情况下公路工程建设质量无法得到保证，严重影响公路交通的正常运行，甚至给社会群体的生命财产安全造成严重威胁。在此种情况下，为全面提升公路工程管理成效，加强公路工程质量控制，探讨公路工程管理中的问题与改善措施是有非常必要的。

一、公路施工管理中的问题

（一）技术人员管理问题

施工现场人员多而且杂，各岗位人员素质良莠不齐，直接影响施工工程的质量。由于各岗位人员层次存在一定差异，无论是在安全意识方面，还是在技术标准等方面，对于问题的分析也有所不同。一旦施工过程中会产生分歧发生矛盾，势必会影响公路工程建设进度和质量，甚至给公路工程埋下隐患。

很多施工方为降低人员工资开销，施工前找一些临时工充当技术工种人员，但实际上这些群体并未接受规范的岗前培训，并不具备公路施工专业素质与综合能力，在参与公路建设的过程中操作规范性不足，极易对公路施工质量造成不利影响，甚至给公路工程项目造成不必要的损失。

（二）施工质量问题

工程质量管理是整个工程的重中之重，极易受到多方面的影响。比如，人员素质、技术熟练度、施工材料质量等。很多施工项目规划很好、标准很好，但是缺少技术过硬的熟练技术工人，员工素质低技术不过硬导致工程质量出现很大漏洞，工期管控不到位且工程质量低下。

大多数施工单位只重视施工带来的经济效益，忽视施工质量要求，导致很多豆腐渣工程，桥梁倒塌、路面凹陷等现象发生，即使事后补救也不能挽回企业形象的损失。

技术人员与施工人员进行工作交接时，必须要加强细节管理与控制，从细节抓起对注意事项进行研究讨论，发表各自不同的观点后达成一个合理的方案，运用科学管理控制施工中存在的难点疑点，充分考量施工中存在的意外事故，做好提前准备。

（三）合约问题

公路工程工作量大而复杂，涉及范围广，因而合约管理难度较大。合约业主如果私下添加一些对自己有利、对他人有害的合约条款，实际上是很难发现的。业主不按照合约内容进行施工操作，导致施工工期长，资金周转困难人员混乱的情况下，极易导致工程质量下降。

业主为满足自身经济利益私下添加条款，造成一些不必要的浪费，未让资源达到合理的运用拖延工期，造成施工现场秩序的紊乱。此种情况下要求领导人员充分发挥带头作用，以身作则投入到工作中去。此外，还应建立一套完善的监督机制，严格遵守规章制度规划好每个部门的职业任务，最大程度上避免业主徇私舞弊现象的出现。

（四）成本管理

一个工程开始施工前都有着固定的成本资金，工程施工前业主与施工方进行科学的规划，投入合理足够的前期成本。但是有些施工单位并未对其资金进行合理运用，甚至出现按照个人喜好随意支配资金的情况，造成工程资金不足工期拖拉，在资金成本中未能科学合理安排运用，缺乏专业知识。施工队伍领导人应以身作则，领导员工进行成本规划避免徇私舞弊的发生。一个好的工程重在质量，成本的控制虽然重要，但是不能忽视质量，相关技术人员必须要加强对于成本的控制，做到既不抬高也不压低。由此可知，公路工程管理中成本管理是一项重要内容。

二、解决方案

（一）理论与实际相结合

在道路桥梁的施工设计中，必须要坚持以理论为基础，按照理论做好前期规划工作，为后期科学改动提供有利条件。中国古代桥梁建筑举世闻名，百年不倒，造桥理论在当今也是可以用的，书本上的知识与理论相结合，既能保证施工顺利进行，又能提高施工质量。

在施工前，建立严格的监管制度进行全面分析，保证设计能够满足当前技术条件施工资金。施工队伍与设计人员技术人员，理论与实际相结合，设计出合理美观的规划图，在技术人员的指导下，施工人员科学合理进行施工，对影响施工质量的因素进行分析解决达成最佳方案。

（二）增强技术检测能力

公路工程是否可以顺利进行，技术检测占很大一部分。检测分为自测、工程师监测、监管部门监测三部分。自测是最重要的也是最容易被忽视的，如果不重视将会导致施工质量不达标造成事故的发生。所以，要在自测方面下功夫，做到多方位、多层次、系统的、有计划的自我检测。一旦在检查过程中发现问题，技术人员和施工人员合理科学的处理问题，提高工程的整体质量以达到行业标准。

（三）注重工程材料的质量问题，建立合理公开的招标平台

只有建立一个公平透明公开的招标平台，才能保证施工材料选材透明不存在徇私舞弊现象。提高技术人员职业素质，以工程质量为衡量标准，不因一己私利贪污行贿，以认真做事原则保证材料达到行业标准。建立公开的招标平台确定材料质量达到工程标准要求，没有其他人员从中缤缝，招标文件要一步一步地通过审批，取得政府通过文件备案后，施工单位进行材料采购。

一旦出现徇私舞弊现象，无论是谁都要严加处理严惩不贷。招标后，选用技术过硬经验丰富的老技术人员选拔施工人员采买材料，公平透明的招标平台使得材料的选用变得透明，从而达到降低工程成本。

（四）建立科学合理的施工队伍

一支专业素质高的施工队伍，会让整个工程的实施顺利完成事半功倍。人才的质量是施工前的保障，在面试环节，应加强专业技能的选拔，尤其是在岗前培训期间要高度重视人员操作技能训练。人才的选拔很重要，公司应对其进行定期培训，传授施工技巧与方法，提高工作效率减少误差的产生。工作时间长对体能要求要求很高，在选拔过程中侧重于体能考核。挑选最优秀的施工人员，对其进行特殊培训。

优质施工队伍的组建，要确保施工人员能够具备良好应变能力，能够结合时代发展需求及时更新理念，不断强化自身技能，提高专业技术水平。领导应该充分调动员工的积极性，活跃施工队伍气氛，关心员工个人问题，多为员工考虑，尽可能消除安全隐患，保证经济效益，提高员工的职业归属感，全方位提升综合素质，强化员工的集体意识，确保其能够以饱满的热情参与到工作中，能够自觉与同事团结协作，避免钩心斗角等情况的出现。

社会的发展离不开公路的建设，公路建设的发展同样促进经济的发展。要完善管理制度，提高人员素质，协调各方面影响因素。公路施工管理是很复杂的，只有建立一套科学完善的施工程序降低施工成本，才能保证施工效率发挥最大经济效益。施工前的招标平台要透明，采办材料要合理，施工中的人员选拔要全面考虑，设备器械要合理运用，施工后要注意后续工作的交接，接受社会各界的审查与监管。对于错误及时改正，面对赞许切勿焦躁。

总之，施工方投资方只有成本效益两头抓才能实现经济与成本的平衡，达到利润最大化。在公路工程管理过程中，要建立一支科学、透明、信息化的专业施工队伍，完善相关

规章制度达到企业和社会的共同认可。公路建设要从质量、安全中考虑，把规章条例中的重点部分落实到实处，加强相关人员的培训。生活离不开公路，而保证社会秩序的稳定离不开公路的建设。要想提高公路质量，不光要从施工质量抓起，还要从材料、科学技术、人员、资金等多方面考量。培养相关技术人员，加强施工人员自身素质，减少因施工错误，技术问题发生的公路事故，提高公路路面的质量，加快社会主义现代化进程。

第二节 公路工程管理模式

我们国家在公路施工管理方面已经有了不小的进步，在成绩上也有了比较明显的提高，然而目前的公路施工管理质量与水准都没有达到一个比较理想的标准，伴随的是一些各类施工方面事故的发生，经常出现的工期延期问题以及一些比较严重的交通安全事故等，所以目前我国公路施工方面在社会上影响较差，实际的施工质量与控制方案也有待提高。

一、公路工程施工管理主要内容以及重要性

伴随我们国家的综合实力不断增强，国家在公路建设方面的投资力度也越来越大，对于公路的施工技术研究也越来越多。虽然我们国家的经济水平有了明显的提高，但随之而来的是公路所负荷的交通运载量也发生了急剧的上涨，所以随着人们对公路行驶的质量需求不断提高的同时也给公路工程的发展带来了巨大的压力。所以我们需要提升对施工质量的管理方案才能有效地推动我们国家公路工程的全面发展。施工管理的内容要包含对于生产原材料、施工工作人员、所用设备与施工的工艺等几个重要的方面进行严格的把控。针对像资源配置、生产的协调问题等一些对公路工程质量存在一定影响的方面也要制定严格的标准进行把控，这样才能够有效的保障整个工程的顺利进行。然而由于公路施工工程当中所需要的工艺难度是比较大的，并且所用到的设备复杂性也非常高，这就会使施工过程当中出现一些不可避免的细节问题，如果处理不到位的话会对最终的施工质量造成很大的影响。所以负责管理的工作人员需要在曾经发生过的事故当中吸取一些经验，同时他们也需要具有根据实际环境相应的改动管理制度的能力，这样有效的削弱针对在不同地点施工时产生的差异性带来的影响，能够更进一步的提高施工管理在公路工程当中的作用。

二、公路工程施工管理工作中存在的问题

（一）施工管理中存在的技术问题

任何一个国家最基本的交通建设设施都是公路，公路的建设也是普遍性最高的。伴随我们国家经济增长的同时公路工程的总长度也在不断增加着，现在依然存在很多公路工程处于施工或者待施工阶段。但因为我们国家的公路工程发展时间相对较短，所以在管理工

作这方面也不够成熟，这就需要所有的工作人员共同努力才能够进一步完善管理方面的制度。在实际的施工当中，工程测量与土石方的测算是两种非常基础性的工作，但同时也是非常容易出现问题的阶段，这些问题会对后续的工程施工造成很大的影响。

（二）施工管理中存在的人员与制度问题

公路工程最有代表性的特点就是施工难度非常大、对于技术要求非常高并且施工工作人员也是很复杂的，所以在实际的施工管理当中既要解决相关的技术性问题，也要良好的解决人员与制度方面的问题。所谓的人员问题，也就是施工工作人员的综合素质不够高，他们在专业技能方面比较薄弱，一些施工人员在施工当中对图纸的理解比较差，进而根据自身的经验进行工作，这会给整个工程带来很大的安全隐患问题。除此之外，存在一些施工管理工作人员在进行管理的时候没有一个端正的态度，在意识方面比较薄弱，他们对施工监督的及时性与力度上都有着很强的滞后问题。制度方面问题主要体现在整个体制不够完善上，通常会发生出现事故之后责任人不够明确的问题，这就会给整个工程的施工带来很大的负面影响，也会直接威胁到施工质量。

三、公路工程施工管理措施

（一）建立公路工程施工管理制度

在公路工程管理工作当中需要制定出一个科学合理的管理制度，才能够有效的保证整个施工的顺利进行。也就是说只有更加完善、健全的施工管理体制才能够有效的保证施工的正常进度、高质量水平以及安全性问题。除此之外，在对施工管理体制进行完善后也要设定有关的考核机制，特别是对施工现场的管理进行考核，在具体施工工作开展当中既要强化对施工人员的监督管理，同时也要对每个人需要承担的责任进行明确，进而保证整个施工的顺利。

（二）做好材料管理和人员管理

在公路施工当中，施工的原材料是非常重要的组成之一，所以对材料的管理需要更加严格。如果材料管理方面出现一些问题的话就会给整个公路施工带来巨大的影响，严重的话会导致比较大的经济损失，所以施工阶段对于材料采购方面，采购人员需要对材料的需求量有一个足够深入的了解，这样才能避免出现一些浪费现象。材料采购之后就要进行科学的管理，对于每种材料要选取它们最适当的保存方式，例如一些铁质材料比较容易生锈，所以需要放在比较干燥的地方保管，这样才能保证在需要的时候，施工材料可以正常被使用。人是公路工程施工当中的主体部分，工程的操作、管理与组织都是由人来完成的。这也代表着工作人员的管理水平、组织能力以及专业技术能力等都是公路工程比较直接的影响因素。所以在工作开展当中，需要提升对施工工作人员职业素养的重视程度，同时要利用更加成熟的管理体制明确相关人员的责任，进而给整个工程在人员方面打下良好的基础。

而对工作人员进行管理的时候，既要充分的激发每个施工人员的工作兴趣，对他们的施工状况也要严格的监督与管理，把握好每一个细节，让施工人员有一个良好的工作态度，这样才能保证工程质量。

（三）公路施工现场的管理要点分析

整个工程质量控制的核心部分就是对于施工现场的管理，它能够直接影响着整个公路工程的质量以及公路投入使用后的实际效果，所以就要对公路工程当中路基不均匀沉降、路面不平整等问题进行严格的检查，对其工艺进行严格的把控，以免后续出现这些容易发生的质量问题，进而对公路的使用造成影响。因此我们以一些质量通病为例，进行简要分析。针对路基的不均匀沉降，这一问题会致使路基失去稳定性，导致路体的内部发生开裂现象，这会对行车的安全以及人身安全造成非常大的影响。这一问题发生的原因通常是因为路基没能够被压实，所以在对路基分层填筑和压实工作上就要加大管控力度，减少该问题的发生。而对于同样经常出现的桥头涵顶跳车现象的解决方案是在处理路基与桥涵接头的时候要尽可能地做到仔细，并对相关机械的操作进行规范，这样才能有效地保证桥梁的质量符合标准。而对于公路的平整度比较差这一现象，它会对公路的使用直接造成影响，所以在对混合料搅拌时均匀性等一些参数标准要拿捏到位并且进行严格控制，这样才能有效地保证整个路面良好的平整度。

公路工程是我们国家在交通方面最基础的设施，人们的生活与工作都是与它息息相关的，同时我们国家的社会经济发展也与它有着紧密的联系。所以如果想让公路工程能够稳步发展，首要的就是提升公路施工技术管理的效果，也需要对目前存在的一些问题进行深入的分析，要准确的发现问题的根源所在，这样才能根据其原因给出最佳的解决方案。要敢于使用新型的施工材料与工艺，强化管理制度，这样才能让整个公路工程的管理工作有一个新的进步。

第三节 公路工程管理创新探析

在我国的城市交通中存在着一个很令人头疼的现象，那就是人车拥堵，那么解决好公路工程建设，就会很大程度缓解这种局面，还可以减轻居民的精神压力，并稳定人们的基本生活。可是公路施工项目中有很多的问题，这就需要我们把这些问题控制在萌芽状态，千万不能等到事情发生了再去解决，那样会花费很多的物力、人力和财力。此外还需要通过创新型管理措施来推动工程管理的发展，实现公路企业效益最大化，从而增强企业核心竞争力，实现可持续发展的根本目标。

公路工程管理创新发展工作开展得好可以进一步提高公路工程的管理水平。公路工程管理工作的创新发展一般是补救目前管理工作存在的问题，提出解决问题的措施，以更好地推动公路工程工作的开展。在这个不断发现问题和解决问题的过程中，可以潜移默化中提高公路工程的管理水平，对于提高公路工程的管理质量都有重要的作用。

一、公路建设施工管理的必要性

（一）可增强交通运输的可靠性

公路是交通运输的一个基础性环节，公路工程的施工管理质量与交通运输的功能性有着密切的联系。保证施工管理质量的合格，才能够保证交通运输功能的可靠性；另一方面，只有建设工作符合标准，才能够保证交通运输功能的有效性。因此，在公路工程的施工建设中，只有保证工程建设质量，才能够保证区域内经济运行的稳定性。

（二）改善大众的生活习惯

在现代化的社会中，由于越来越多的人选择驾车出行，因此，人们对公路工程的要求标准也相应提高。在实际的施工过程中，如果采用科学、合理的管理方式，就能够极大程度地降低施工对居民日常生活的影响程度，同时，能为居民提供高质量的公路，保证居民出行的安全性与便利性。因此，公路工程施工管理还会对我国居民的生活产生一定的积极影响。

（三）增强区域经济交流

不同地区之间都是依靠公路进行连接与联系的，因此，公路工程施工管理对区域经济交流也发挥着极为重要的作用。发达的交通系统会维护区域之间的联系，加强区域之间的经济联络，并促进不同地区之间的经济、文化交流。此外，公路工程施工管理还会提高公路建设的有序性与高效性。对于公路工程建设而言，最基础的就是建设施工的安全性与稳定性，只有保证施工质量，提高施工管理工作的有效性，才能最终保证建设施工的安全性与稳定性，促进交通运输的平稳运行与健康可持续发展，才能进一步加强各个地区之间的联系与交流。

二、公路工程管理的现状

（一）管理理念落后

公路是人们日常出行中应用最广泛的交通基础工具，当前我国的公路工程全面发展，建设项目越来越多，而一些公路的施工企业往往只是注重施工的进度和经济效益，忽略了工程的管理，对于管理的创新意识也是非常低。而在公路工程的施工过程中，管理所占的地位是不能取代的。只有优秀的管理方式和方法才能提高工程的质量和安全以及进度等，而以往的一些传统观念已经不能满足当前的企业发展，因此公路工程的管理理念创新势在必行。

（二）缺乏专业的管理人才

公路工程施工管理是一项非常复杂而且繁重的工作，因此，公路工程的管理人员必须要具备丰富的管理经验、充足的技术知识和操作能力等等，并且还要在工作的过程中不断的进行总结。而当前我国的公路工程管理人员主要是以刚毕业的大学生为主，这些人在进入到公路工程的管理中之后，虽然在工作态度和工作热情方面都比较积极，但是对于当前的一些先进的施工技术和管理的经验以及处理紧急事故的能力方面还是有所欠缺的。另外，一些公路施工企业中的管理人员虽然有着非常丰富的经验，但是缺乏一定的创新意识和能力，导致很多的管理方法已无能适应当今企业的快速发展，给企业的管理和进步造成了阻碍，也限制了企业经济效益的发展。

（三）管理水平低

目前我国的公路工程管理所体现出来的最大的问题就是管理观念的陈旧，一些施工企业的规模比较小，这些企业当中也没有完善的管理体系，再加上技术型人才的缺乏，就会造成整个公路工程管理的水平下降。因此，在公路工程的管理过程中，需要不断地对管理的观念进行更新。建立完整的管理体系，聘请高技术的人才进行管理，提高管理的效率，促进企业的长足发展。

三、实施公路工程管理创新措施

（一）公路工程管理需要理念创新

实现公路企业理念创新，一要管理者高度重视。在企业经营方向上，明确战略目标，不断更新思维、创新想法，在经费支持上要加大投入力度，及时改变传统陈旧思想，引进先进管理人才、技术人才，同时还要在内部通过积极培育，做好人才资源的建设与培养，从而在企业内部形成一个人人创新的良好空间，全面提升创新意识、改变思维；二是树立长远目标。各级公路施工企业需要在企业战略上明确创新思路，把创新理念定位在企业长远发展战略高度看待，采取切实可行的措施，推动企业各方面工作内容的创新，要看到市场发展变化，积极应对时代潮流发展方向。

（二）公路工程管理需要组织创新

以往公路工程管理组织机构当中，实行的是项目制，项目经理部代表公司订立合同，合同实施完毕后则会马上解散，但是项目经理部事实上并非企业法人，不能在出现纠纷时承担责任，也就出现了责任不清的问题。项目经理可能随时支配人力、物力和财力，但公路企业却不能对项目经理形成一定监督和制约。还有一些公路企业与下属单位签订多项公路建设合同，整体组织管理相当混乱，无法形成统一合力，使管理达不到良好效果，只有合并撤销不合乎市场规律的单位部门，改变现有组织现状，问题才能得到彻底解决。公路企业可以根据项目要求，成立独立部门甚至分公司，对相关大项目进行独立管理与支配，使招标、投标、签订合同、公路建设等流程更加规范，进一步明晰责任的同时，也强化了权利监督与制约，使企业管理组织更加合理，提高公路工程管理效能。

（三）公路工程管理需要技术创新

技术创新不能是空谈，需要通过实际行动满足技术创新需要，一是技术创新依靠的是人才建设，使企业技术人才能够发挥作用，不断强化复合型、技术型人才的培育，企业为技术人才提供良好的发展环境，确保技术人员能够在有效的时间内完成技术引领与创新，提升企业整体技术能力与实力，在同业中具备先进性、独特性。人才是企业的根本，更是技术创新的关键，要从组织结构上，保证技术人才比例，使企业充满活力与创造力。二是技术创新需要优化流程。公路建设流程非常重要，通过有效的流程能够确保进度与工期。流程控制是管理的一部分，通过过程管理，全面推动施工整体进度，创新技术则能够优化流程，在技术驱动下，满足质量与安全需要，实现企业效益最大化；三是技术创新需要完善机制。技术创新不是单独存在的，需要在一定机制带动下，才能满足技术创新需要，也就是说，在进行技术创新的同时还需要做好配套建设，使企业内部体制机制符合技术创造环境，为技术创新提供强大的支持和保障；四是技术创新需要完善管理。当前，随着科学技术发展，公路管理也已经实现了网络化、数字化，只有全面与现代网络技术融合，才能在公路管理工作中体现速度与效率。公路工程量大、复杂，每一项建设内容均会产生数目巨大的图纸、合同、记录等，要想对这些资料进行有效管理，则需要通过计算机网络技术才能完成，要不断优化现代化信息管理能力，通过技术构建，形成专业的管理系统，有效管理技术文档，实现便捷的查阅、咨询、共享目标，通过现代化管理提升技术能力水平。

（四）公路工程进度管理方面的创新

公路工程建设中的项目规划是公路工程建设的重要组成部分，也是公路工程建设过程中的合理依据，每一项公路工程的建设都需要有一个科学、合理的项目规划，在公路工程的建设过程中，必须重视项目规划的制定。在制定公路工程建设的项目规划时，要从公路工程建设的整体出发，对公路工程建设系统中的每一项要素进行分析，预测出公路工程建设中可能会出现的问题，并进行合理的安排与优化，确保项目进度能够按计划顺利进行。在公路工程的建设过程中可能会出现很多的意外情况，所以在进行管理的过程中，要不断地调整公路工程管理方式，防止公路工程建设项目中断，保证公路工程建设的顺利进行。

（五）公路工程现场管理的创新

在整个公路工程建设的过程中，最重要的就是施工现场的管理，只有对施工现场进行良好的管理，才能够保证按照施工计划顺利进行公路施工。在对公路工程进行现场施工管理时，要按照相关规定展开各个项目的建设与实施，保证完成施工目标。要及时对施工过程中的各项工作进行评价与管理，认真总结相关的工作经验，杜绝问题的二次出现。

总之，公路工程管理的创新是公路工程建设顺利进行的重要保障，对于提高公路工程的建设质量与效率具有重要意义，在公路工程建设过程中，施工单位必须要重视管理模式的创新，提高公路工程建设的综合水平。

第四节 公路工程管理中现场管理

确保公路工程质量意义重大，在施工现场管理过程中，提高管理力度、落实各项管理制度和措施极为关键。虽然当前我国公路工程项目施工现场管理中仍存诸多问题，但是随着我国公路工程的发展及其对国民经济发展的重要性日益提高，很多企业逐步认识到加强施工现场管理的重要性，纷纷投入大量的人力和物力提高现场施工管理效率，以此为基础更好地确保公路工程项目的整体质量，为推动我国国民经济发展做出贡献。

随着我国经济的不断发展，道路建设工程越来越完善，截至目前，我国每年公路数量还在不断增加，大到全国各个城市，小到山区乡村。而公路施工过程也是一项比较复杂的工程，对公路工程施工现场进行合理管理，有利于资源的合理分配、提高管理水准，保证施工现场各项工作顺利开展，从而不断提高公路建设水平。目前阶段我国公路施工管理仍然存在一定的问题，这就需要更多的相关工作人员利用高新技术去探索实现。

一、公路工程项目施工管理现状以及呈现出来的特点分析

一是专业性不断增强。随着公路工程项目建设事业的快速发展，其建设规模正在不断扩大，而且工程建设投入的资金也越来越多，对工程施工现场管理工作提出的要求更高。为了确保公路工程施工质量及其建设效益的实现，现场管理工作正在朝着专业化方向发展，即对管理人员的素质和业务技能水平要求不断提高，而且不断进行着专业化和标准化建设，力争在公路工程施工过程中一旦出现问题能够及时进行妥善地调整和解决，换言之就是公路施工现场管理工作的专业化水平不断提升。二是表现出一定的动态性特点。公路施工过程是一个动态变化过程，现场环境条件也会随着进度变化而有所改变，为此加强全过程施工监管势在必行，而且也是一个动态化监管的过程。在此过程中，应当采取有效的手段和方法来确保各环节处于可控状态，这样才能有效提高公路工程项目施工建设质量和效率。三是系统性特点。对于公路工程项目而言，其本身系统非常的强，从目前国内交通运输行业发展情况来看，公路工程建设过程中的现场管理工作越来越复杂、越来越系统，工程施工建设需经过投资决策、项目设计以及工程招标与施工，最后才能竣工验收和投用。上述各环节之间相互联系，存在着密切的关联性，同时这也是对公路工程施工现场管理工作提出了更高的要求，即系统性管理。

二、公路施工现场管理中常见的问题

（一）材料质量难以控制

公路施工中，需要消耗大量的材料，而且其建造的范围较大，因此对材料的质量难以

监管控制。对工程质量的监控一般都是对成品进行抽样检测，得到的数据不准确，对工程难以进行实时监控，其对材料的管理也是极其困难的。公路工程的施工需要大量的材料，在其采购、存储、调用方面也难以得到有效的管理，往往会造成大量的额外费用，增加工程的成本。

（二）施工安全问题

公路工程建设普遍在露天环境中进行，因此，环境会对施工造成一定的影响，例如，山体滑坡、泥石流等自然灾害就会对施工的顺利开展造成阻碍，若防护不当会造成严重的人身伤害。同时，现代公路工程施工基本上实现了机械化，施工人员在操作机械设备的过程中，若出现违规操作情况，也会引发安全事故。由此可见，公路工程施工现场的安全管理至关重要。但是在实际工程施工中，施工人员的安全意识淡薄，现场安全管理不到位情况十分常见。一些企业为了控制成本，减少安全设备采购方面的资金投入，也为公路工程施工埋下了一定的安全隐患。

（三）施工质量管理问题

公路工程是市政工程的一部分，除了引发安全问题外，也极易产生施工质量的问题。公路工程施工现场的人员和设备不固定，对施工质量产生波动。同时，施工前的设计失误，施工现场操作不当，机械设备的非正常工作、施工材料的质量不过关等，都会影响工程质量。

三、完善公路工程施工现场管理的对策

（一）提高思想认识，加强现场管理力度

随着我国公路工程的发展，越来越多的施工企业也认识到施工现场管理的重要性。对于公路项目施工企业而言，首先要提高安全管理意识，不能只关注公路工程项目成本，同样也要认识到施工成本的形成与施工现场管理具有密切联系。作为施工企业而言，首先应当在企业内部制定施工现场的管理制度，安排专人负责施工现场的协调和管理，让工程项目的实施完全处于管理和监控之下。如在施工现场设置现场管理部门，配备安全管理、质量管理、技术管理、内业管理等人员，以更为健全的管理职能架构确保公路工程项目的顺利实施，为确保公路工程项目的整体质量提供保障，只有这样，才能使项目实施中产生的成本更加明确、可控。

（二）合理配备现场管理人员，提高现场管理效率

公路工程在施工现场管理的过程中，由于其受到自然地质条件的影响很大，因此施工企业应当在提高思想认识的基础上，合理配备施工现场管理人员，配备经验丰富的技术负责人，同时也要在施工现场配备项目经理，负责现场的施工调度和管理。另外，施工企业也要在施工现场配备材料管理人员，负责进场材料的收存和安置，对进场材料进行质量验

收和把控。

（三）紧抓细节管理

公路工程与其他工程项目而言同样具备质量连续性的特点，不仅工序之间的影响极大，而且在实施每道工序的过程中，决定质量的细节也非常多。一，公路工程受到自然地质条件影响很大，施工企业应当在工程项目实施之前指派专职人员进行施工现场的实地考察和勘验，准确把握施工现场的实际情况，并做好相关的应急预案，制定合理的施工方案，同时结合施工设计图纸来安排施工顺序、材料进场计划、施工队伍的进出场时间等。二，材料的重要性不言而喻，对于材料的细节管理关乎着成本、质量、进度等关键问题，因此，要在材料方面做好细节管理，例如，对于进出场的材料要做好台账，完善材料申领登记制度，避免材料的浪费。三，做好细节化的动态管理工作，这一点对于进度和成本管理极为重要，成本的形成是一个动态的过程，而进度的控制同样也是如此，动态化的细节管理能够更加明确地分析工程实体的形成过程，能够让管理人员及时发现现场管理中的问题所在，以此来落实“反馈—落实—改进”的细节管理模式。

总而言之，公路工程项目施工现场管理工作内容非常的多，而且涉及面也非常的广泛，实践中应当加强思想重视，针对工况条件和施工技术质量要求等，建立完善的施工现场管理机制，通过机制的落实来实现工程项目施工现场管理之目的。

第五节　公路工程管理中的成本控制

成本控制通常是指企业在开展活动之前，预先制定出有关成本的一系列规则。其具体内容是在参考往年工程成本数据的基础上，结合实际情况为各项费用划出消耗上限，避免资源及资金的不必要浪费。一旦实际的费用与预算相差过大，会计人员要对其进行具体分析，及时调整支出，以维持企业的正常运营，确保生产能顺利进行。但是公路工程的成本控制与其有所差异，常常是指工程开展前，企业相关部门要预先估算人力、物力及其他相关费用的开支。施工期间，监督部门对其开支进行指导、审核，避免实际与预算差异过大。一旦出现偏差值过大，会计人员要与施工队进行积极沟通并及时提出解决措施。最终的目标是在工程顺利结束的前提下，竭力将生产成本控制在计划之内，进而谋取企业利润最大化。

一、公路工程施工管理中成本控制的内容

（一）直接成本

直接成本主要由实体支出构成，其内容包括人力、机械、材料等直接支出费用，控制工作主要由前期预案所决定。要想充分落实直接成本控制工作，就要根据施工工程量及成

本测算，制定科学合理的资金管理方案，合理分配资金，确保各部门管理机制的有效运行。

（二）间接成本

间接成本，通常是指企业的管理支出。在开展工程活动时，项目部的各项日常开支以及相关部门的监督管理皆包括在内。因此，企业想减少间接成本的支出，首要工作就是要完善自身的内外管理规章制度，提高管理人员的业务水平和管控意识；其次对于成本控制对象需加强各方面的监管；最后企业要加强内外的协同工作，确保工程管理的正常进行。

二、公路工程施工管理中成本控制的具体方法

（一）以施工图预算对成本支出予以控制

对于项目部而言，坚持“量入为出”的原则有利于控制工程成本，即人力、器械、材料的费用支出将严格遵循施工预算方案来进行。要想做好此项管理工作，首先企业员工要认识到成本管理的重要性，积极主动开展工作。其次降低施工材料费用，一方面项目材料员要积极关注材料市场的价格变化，收集准确、细致的价格表，以便价格波动过大时向业主申请材料费用调差来减少自身的经济损失。另一方面寻找长期稳定、值得信赖的供货商，通过与其合作来保证货源稳定，同时大量采购还能享受到部分优惠折扣。

1.EPC 总承包模式下成本管理的控制方法

（1）设计阶段。在设计阶段，运用限额设计的办法，根据完成审批的投资估算以及相关的设计任务书，对初步设计进行控制，而且还需要结合已经通过审批的初步设计总概算，对工程图纸进行相关设计。总的来说，限额设计就是要保证工程在竣工之后的结算金额在总投资的限额范围之内。目前在国内，为了分担风险，EPC 项目大多采用联合体投标的方式，故施工企业在设计阶段就可以和设计人员积极沟通，根据合同总价承包或是单价承包等模式，选择对施工方有利的设计，此为“开源”。

（2）采购阶段。制定合理采购预算以及限价标准。在 EPC 项目采购工作中，预算人员既要结合通过审核的项目概预算，也要参考当时市场稳定价格以及指导性的价位，对所要采购的物资进行分类核算，得出最终采购预算。人、机、材中的“材”在工程总投资中占比可达到 60% 以上，如果施工单位在此阶段深度介入，可能会为企业带来意想不到的资金优势，此也为“开源”。

（3）施工阶段。要进一步强化整个施工过程中的审计审查工作，以控制施工成本，例如强化审计管理中事前审计、事中审计、事后审计三个环节的工作。

2.PPP 模式下成本管理的策略

（1）多途径成本控制。一是材料计划管理。项目建设过程中，合同清单内的细项，尤其工程量清单是作为项目部编制材料需求计划的依据。因此，工程部应定期制作材料用量计划，如一周或者一个月制定一次，提前报给材料管控人员，购买储备以备用。需要注意的是，在制定材料用量计划时应结合项目剩余材料量和所需材料市场价格等数据，确保材

料计划制定科学合理。二是材料使用管理。施工过程中必须严格按计划领料，防止浪费，如发生超额用料，施工员必须有甲方和监理签发的施工变更单及变更部门的施工预算方可领用。

（2）细化事前的计划与预算。如果一个 PPP 项目过于复杂，那么项目涉及的方面就会增多，如市场、人员和时间等，并且随着施工的进行，部分因素会产生变化，例如人员安排变化，针对这种情况需做好事前计划，以估算出施工的变量，降低成本消耗。通常进行事前预算时，需要估算总体成本下各个可控范围内的分成本，在各项分成本预算之后反复核对，并对稍有争议的责任、权利、利益等内容签下合同，使其按照合同办事，有条理无争议，使项目顺利完成。

（二）以强化质量、安全管理成本进行控制

质量成本通常由两部分组成，一是施工单位操作不规范导致的经济损失，二则是企业为保证工程质量而支出的相关费用。对于施工单位来说，质量控制与企业项目管理和经济效益息息相关。可以说，一旦公路工程的质量出现问题，企业不仅会面临相关部门的问责和大众的声讨，还可能会出现巨额的资金亏损。因此，企业在施工过程中要狠抓管理流程，保障工程质量。这就要求施工企业各部门要履行好自身的职责，避免工作出现纰漏。监理部门主要负责对工程的质量及进度进行监测，以保证工程的质量。而计划合同部门的主要职责是对工程施工成本进行控制，旨在谋求施工质量与利益并存之间的平衡点，其侧重点的不同也导致控制措施的差异，安质环保部门要监督以上部门做好管控工作。

（三）以施工预算对人力资源及物质资源消耗进行控制

在预算出来后，采购部门需依据预算进行物资采购，并与施工队签订劳务合同，同时预留部分资金以备不时之需。施工过程中，一旦日常支出与预算差异过大，管理部门应及时分析实际情况做出资金调整方案，后由部门经理签字盖章后告知施工队，以保障工程的顺利进行。对于人力资源管理支出方面，监管人员首先要了解工程的各个环节以及工作人员的能力特长，安排适当的任务，使其各司其职、人尽其用。相对应的物资消耗把控措施主要有以下两个方面：一是物资进出环节需要进行相应监督，每一份任务单与领料单都要上级领导的签字才能通过，并且积极与施工队进行沟通联系；二是工程期间，相关负责人需认真填写记录表。根据工作量的完成情况，将每个阶段的班数、采购、消耗的材料等进行汇总，上报至相关部门。一旦出现额外支出，会计部门需跟进，与供应商进行协调后调整相应物资需求，尽量减少额外支出。并且保管好发票、合同等纸质文件，以便后期报销，避免账目混乱现象，造成人力物力资源的浪费。

（四）以强化施工现场管理对浪费问题进行控制

为了保障工程如期完成，必须要对施工现场的各个环节进行管理。一要保证施工现场的安全，以此避免不必要的事故出现，造成资金的浪费；二在现场交通方面，要对施工场地进行合理布置，以保证物资运输的正常进行，避免出现交通堵塞，影响施工进度，也避

免二次运输的情况出现，既延误工期又造成人力物力资源的浪费；三严控施工时的工序管理，必须要按照技术交底施工，以保证工程质量，确保不因交叉施工造成窝工而提高施工成本，延长工期。

（五）落实动态成本管理

对公路工程施工管理进行动态控制，是其成本目标实现的重要途径。其动态控制活动主要从以下两方面来进行：一是施工项目计划成本责任制的落实，二是施工项目成本计划（或成本目标）情况的检查与协调。其中落实施工项目计划成本责任体制指的是建立高效能干的项目管理部门，并与各部门的职工、施工队伍和施工班组签订相应责任管理制度条款，使其各司其职，为实现企业的经济效益和利润最大化而共同努力。

加强施工项目成本计划情况的检查与协调是为了目标成本计划的实现而采取的有效措施之一。在此过程中，项目管理部门要根据计划成本和实际成本绘制月度成本折线图，但是由于一定的局限性，通常会出现三种成本偏差：一是实际偏差 = 实际偏差－承包成本，二是计划偏差 = 承包成本－计划成本，三是目标偏差 = 实际成本－计划成本。企业应尽量减少目标偏差，从而实现成本控制的有效性。经过一系列的调节、控制与指导，并对最终成本进行预测和对项目经理部门前期的成本控制进行评估，最终纠正核查，制定合理的对策，为实现各项经济指标做好基础，最终实现公路工程施工管理中的成本控制。

项目的成本控制效果最终体现在每月一次的经济活动分析表和财务的收支表中，财务分析报告是一定时间内企业经营活动在财务上的综合反应，可从中了解企业的生产、经营、资金运用等情况，及时提供衡量和评价的依据。经济活动分析报告主要职能包括：评价过去的经营业绩、衡量目前的财务状况、预测未来的发展趋势和帮助企业做出经营决策。经济活动分析报告是金融企业根据会计报表、计划指标、会计核算、统计资料等数据材料，对经济、金融某一业务领域、某一经营单位的经济活动状况有重点、有针对性地逐一加以分析和考察，对金融企业的财务状况、理财过程和经营成果做出正确的评价，为报表使用者决策提供依据的一种书面报告。

公路工程施工能否落实管理制度受多重因素影响。从制定到最终的落实阶段，企业要结合具体情况，开展动态管理，只有这样才能适应项目要求，促进企业健康发展。

对于企业而言，管理分三步走。一是根据企业自身的情况制定计划环节，项目经理部门结合工程要求，在收集外部市场价格信息和企业自身情况的基础上，制定出合理的成本测算，以此规划整个工程的计划成本，并制定应急解决方案。二是责任机制的成立。监督部门要负责监管工程实施情况，确保公路建设的顺利开展。三是管理内容的贯彻落实。按照方案要求开展的管理控制活动，需相关人员对项目进行时时跟进，实现成本扁平化、精细化管理，最终达到公路工程施工管理中的成本控制标准。

成本管理不仅是“节流”更是“开源”，做好这项工作，既可以保证企业资金链的正常运行，也能提高资金的使用率，不断推动企业健康发展。在国家的高速发展中，公路运输占据着极其重要的份额，高速公路的建设遍地开花，随着城市化进程的加快，高铁以其更快捷的速度和逐渐壮大的交通网络也慢慢占据了一席之地，可以预见将来高铁将成为运输主力，如何运营好高铁这块蛋糕，将是每个国企接下来应该仔细思考的问题。

第六节　公路工程管理中的试验检测

公路项目检验作业的成效在公路项目整体质量方面发挥着很大的作用，所以，相关质量检验是不可或缺的部分。本节针对检验流程中出现次数较多的问题进行了研究，同时探索相关的解决方法，以期在相关建设过程中给出相应的解决技术。

一、项目监管作业中检验技术的利用

（一）让原始物资的利用率达到最好状态

检验技术的利用可确保原始物资被更好地利用，尽可能大地提升利用率，在物质的质量方面能得到充分的保障。这种技术可科学地平定原始物质的质量，研究该物资能不能达到项目建设的要求，在项目建设中如何更好地被利用。在项目建设里利用的全部资都要完成检验作业，使物资更彻底地被利用。

（二）确保建筑安全

在民众的生活质量稳步提高的情况下，项目施工的安全方面有了更好的保证，被给予了足够的重视，检验技术直接作用于建筑的宏观建设成效，若是检验作业不到位，那么项目的质量就达不到标准，在安全方面也得不到保证，会有更多的安全问题出现。

（三）在项目质量方面严格控制

进行项目建设管理时，检验技术的利用非常有效，可确保使用的物资能达到标准，进一步保证项目的质量，在检验技术里，效果最好的技术就在于研究物资有没有满足建设的要求，检查项目建设的所有操作过程是否达到了建设标准，同时更好地完成建设作业。尚未开始建设时，必须针对公路所承载的压力完成研究，检验时重在水分的含量上以及密度，保证车辆在公路上潜行时无危险状况，对车辆的安全作以保障。

二、试验检测在整个建设中的利用状况

（一）尚未具备科学的检验概念

公路项目检验工作者在目前状况下拥有的检验技术还未具有相应的科学性，公路项目检验工作者在进行作业时，因为受制于自身思维以及想法，项目样品的选择并不符合项目的要求，不能满足公路项目结构样本在典型性以及常规性方面的要求。如此一来，所选择

的样本没有真实有效的意义，在整个公路项目的质量方面无法起到保证作用，另外存在一些相关操作者没有彻底了解项目要求，在进行检验时无合理的检验计划，没有足够高的参考效果，在公路项目质量的检验方面会发挥负面作用。

（二）检验作业的工具本身性能水平对项目质检方面产生影响

检验作业中利用的工具的性能是否达到标准在整个公路项目质检过程中起决定作用，整个质检单位里存在个别单位进行质检工具的购置时，在价格方面大做文章，忽略了工具的性能，造成所采购的设备不符合项目规定的要求，特别是在稳定性以及精确程度上达不到规定要求。同时仍存在部分项目实验室，尤其是非常规项目工地实验室，往往会因为整个项目造价而减少在设备方面的要求，例如在校正标定以及养护方面，各种养护工作对设备来说非常重要，如果达不到要求，就会在实际的检验过程中造成恶劣的影响，使结果的精确程度达不到标准。不仅如此，在完成检验作业过程中，尚且缺乏成熟的规定对项目质检方面完成管制作业，导致常规的养护和监管工具的作业不能达到相关标准，没有足够的管理工作者，在检验室常规的档案记载也不够完善，无法科学合理地使用检测工具，最终导致公路桥梁的检验工作在质量方面得不到保障，达不到标准。

（三）外部条件同样会对项目质检方面产生影响

公路项目检验作业的质量往往被外部条件左右，并且得不到工作者的重视，类似于空气中水分的含量、温度、阳光和噪音等一系列要素在公路项目质检的过程中造成相对应的影响，会导致工作者存在视觉问题，同时选择的样本自身也在上述要素的作用下发生相应的不同的变化。尤其是温度噪音等要素，其还未被相关工作者给予足够的重视，在样品的保存方面也达不到标准，在公路项目检验的作业上造成不同程度的恶劣影响。

三、在公路项目监管中检验技术的强化

（一）在监管方面以及检验数据方面进行强化

检验工作者必须检验项目建设中所使用的物资，保证物资的质量以及搭配比重达到建设的规定和标准。在项目操作现场的实验室里，检验工作者必须在进行建设前完成好原始物质的质检作业，保证所用物质的质量达到相关标准，质检技术主要是抽样调查，完成该项作业后把检验数据交予监管实验室，再经实验室的工作者完成抽检作业，把检测数据上交中心实验室。

检验工作者必须完成好常规的原始物质检验以及项目质检作业，进行建设时贯彻有关规定，确保公路的建设质量。完成独立的项目建设作业后，必须完成施工场地物质的查收作业，重点是建设物资以及成品和半成品的质检作业。检验工作者必须完成检验报告的整理以及备案作业。检验结果是检验作业中的重要数据，保证精确程度同时完成相对应的处理。按照不一样的工程完成相关划分，保证数据完善，为以后的查证打好基础。

（二）科学分布检验工具以及工作者

检验技术在公路项目里的利用，必须要按照真实的建设状况，规划中心实验室，保证工具和工作人员可达到建设的标准，按照建设的程序，检验工作者必须完成及时的检验数据的整合，可第一时间了解项目的质量以及建设状况。然后必须对检验工作者完成科学的分布，经验工作者必须完成专门的技能教育，不仅如此，要选择教育后成绩突出的工作者，提高检验工作者的整体素质。在真实作业中，有关高层人员必须完成对检验工作者的统一培育，使所有人员可第一时间了解到先进的知识，提高自己的检验能力。此外，还要强化在工具方面的分布和计量。实验室里，检验工作者必须学习该工具的相关数据，保证在进行检验操作时能正确地利用，更精确地完成检验工作。

（三）形成成熟的公路项目监管的实验检测规定

在公路项目监管检验工作中，必须形成成熟的公路检验系统，由此确保该系统的作业可良好地进行。检验工作者必须知道公路项目的施工规模，同时在检验级别方面加以完善，确保项目质量。检验工作者必须按照检验系统中的有关要求，确保检验数据的精确程度，根据相关的规定以及标准完成作业。

形成了完善的质检系统后，必须构建详细的检验作业制度，给工作者的岗位监管以及数据整合夯实理论依据。作业的监管以及样品的检验和抽样检查作业中，金融工作者必须确保所做的工作切合实际，在检验工作中责任到人，确保检验技术能被利用，确保相关制度的贯彻实行。在施工的所有部分，检验工作者必须以质量为首要因素，同时将质量检验工作责任到人。

检验工作者必须做出细致的检验规定，在实际工作中严格依据规定进行作业。中心实验室必须针对各个建设路段的混凝土浇筑完成检验作业，确保质量和构造的精确程度，该流程必须完成样本的选择、样本的检验和检验结果信息的相关作业，必须在前一个流程达到标准后方可完成下一个作业，在整体项目质量方面完成详细精准的检验。

综上所述，通过对公路项目监管中检验技术的研究，得出：检验作业于项目建设义重大，可确保项目的质量。在进行检验作业时，会产生数目庞大的数据，工作者必须完成科学的整合，在此基础上选择科学的技术，引导项目更好地建设，以防在安全方面出现问题。检验技术的利用可提升项目的进度，缩减项目的成本，提高项目的效率，使公司在效益方面得到提升。

第五章　信息技术下的公路建设管理

第一节　电子工程的现代化技术应用及发展趋势

改革开放以来，国内经济的发展得到了巨大腾飞，有效改善了当代国内居民的生活水平，有效解放了初级劳动力，也促进了国内智能化、集成化、联通化等现代技术的发展。电子工程技术作为有效连接电子计算机软、硬件的重要技术，其能够帮助现代计算机对信息与数据的处理变得更加高效、高质量，有效带动了现代智能化设备、数字化设备的深化改进与技术革新。就目前而言，电子工程技术通过依托电子计算机这一载体，已经开始在国内各个行业、领域与企业当中得到了巨大的推广与应用，并已经开始逐步影响现代居民的生活和工作习惯、现代企业的经营管理模式、现代生产线的运作与制造方法等。因此，电子工程这一现代化技术不但在国内经济的发展中占有举足轻重的地位，而且其还在改善劳动力输送水平、促进国内经济供给侧改革层面起着关键作用。因此，逐步增强对电子工程这一现代化技术的研究与应用研究，将促进这一现代化技术的广泛推广和应用，也能够帮助现代国内各企业、行业的不断改进。

电子工程的现代化技术在国内的发展已经十分广泛，并被应用在了众多行业与领域当中。根据相关数据的统计，电子工程这一现代化技术在道路施工建设领域、航空航天发射领域、家电设备的制作等领域中已经占有了一席之地。对于道路施工建设领域而言，由于道路施工建设存在整体工期较长、路面施工环境复杂、整个项目竣工后验收难度较大等问题，电子工程技术能够很好地利用电子计算机技术对整个施工建设工期进行科学计划和周密部署，对于较为复杂路面施工环境的，其也能够通过现有数据库和行业内联网系统进行准确的地形测量、道路行政通车的有效协调。对于整个项目竣工后验收阶段，也能够借助电子工程技术实现点对点的快速数据提取与分析，从而有效保障道路施工建设的进度，解决了道路施工建设中经常出现的问题。

针对航空航天发射领域，其不但需要进行发射前的各项指标检测工作，还需要对已经进入轨道的航空航天装置进行路径的准确测量和升空后阶段的实时关注，电子工程这一现代化技术将能准确地实现对航空航天装置的准确监控，并对相关数据进行快速传递，保障了地面监控室对数据分析与研究的需要。对于家用电器制造领域而言，电子工程技术的主要作用在于智能化和科学化的现代化集成生产线与设备当中，通过使用这一现代化技术可有效保障产品的质量，并可建立产销结合的一体化系统，极大节约了生产线的闲置成本，降低了坏损概率，让电子工程技术的应用体现出了经济价值。除此之外，电子工程技术还被实体化放入了家用电器智能设备当中，使家用设备能够根据人类操作者的需要做出不同的安排与反应，极大地提升了现代居民的生活质量与消费体验。

电子工程这一现代化技术在当代国内的应用已经十分普遍，在未来的发展过程中也势必将会继续与各行业相互结合，并逐渐促进国内技术朝着数字化、智能化方向发展。电子工程现代化技术的作用机理是能够促进计算机软硬件之间的高效互通与互联，而在未来国内的发展过程中，金融业与地产业的发展将会成为主流。金融业能够沟通起人们的资本化经济价值管理，地产业则会由普通的居住转变为产业商业及住宅相互结合的新兴产业。因此，针对电子工程现代化技术而言，也应当逐步跟随着时代前进的步伐，寻求产业与行业的轮转机遇，找到一个合适的点加以切入，从而获得市场中各行业及领域的关注和认可。在此过程中，可以通过 2 个方面加以强化：一是增强电子工程技术的人机结合、智能互联特点。电子工程技术最重要的功能就是提升人们处理问题的效率，逐渐解放现代劳动力，以促使现代国内各行业逐步由工业化发展朝着技术化发展转变，实现重资产到轻资产的顺利转移。因此，在此过程中就需要关注电子工程技术的人机结合、智能互联特点，逐步跳出单一使用电子工程技术的短浅，逐渐转变为多元化电子工程技术，使这一现代化技术与其他技术之间能够保持良好的加持和增长。二是构建现代化工艺产业园区，改进电子工程技术的不足。电子工程技术发展至今，尽管在国内各行各业当中均得到了极大的关注与重视，但是其中依旧存在着些许不足。而这些不足之处能否得以改进和优化，就必须通过实践环节工作对其进行研究。在此过程中，可以借助区域政府对电子工程技术的关注力度积极构建起由政府相关组织机构牵头、由地方优质企业配合协助、引入小型企业加入其中的良效机制，以带动电子工程技术行业的发展，使电子工程技术能够广泛应用，从而逐步从中发现电子工程技术在理论与实践应用环节的不足，对其加以改进和优化，为带动电子工程技术的进一步发展而努力。

通过研究发现，电子工程这一现代化技术在国内各领域、行业以及企业当中的应用已经十分广泛，且通过这一技术的应用能够帮助这些领域、行业及企业的工作效率得到极大提升，工作质量得到巨大进步。与此同时，针对以往较难处理的高精尖问题，也都可以借助电子工程这一现代化技术得到有效解决和处理。在本节中，对国内电子工程技术的发展现状及国内背景进行了分析，在此基础上，结合当前国内应用最为广泛的几个领域，一一对电子工程技术如何发挥作用与功效进行了研究，最终结合国内未来的行业发展方向以及社会生产力提升态势，对电子工程技术如何在新常态、新时期的国内产业发展中创造新的收益与效益给予了展望。通过本节的研究，希望能够借助对电子工程这一现代化技术的应用与发展趋势研究，为这一技术在理论层面的研究、在实践层面的应用奠定坚实的基础。

基于目前现代化科学技术手段的快速发展，将其与电子信息予以充分结合，便可更加有效的满足于当前社会的现实需求。因此，开展有关电子工程现代化技术研究已是大势所趋。

电子工程主要是通过运用计算机技术与网络技术来实现对电子信息的控制与处理，其中主要包括了对于各种新型化电子设备与操作应用系统的研发、信息数据处理等内容。随着目前人们对于各种电子化产品的依赖程度不断加剧，电子技术在日常生活中的影响也变得越来越深刻。开展相关的电子工程现代化技术研究，可实现对于各类新产品研制与生产，为人们的日常生活提供更多功能多样、性能稳定的电子产品。从当前的发展趋势来分析，电子技术业务融合与产业链分化的趋势不断凸显，各行业之间互相影响的程度也越来越深，这也催生出了一大批的新兴产业，并成了社会经济发展的新增长点，打破了传统行业间的壁垒阻隔，加快了行业模式的发展创新。

将电子工程现代化技术应用到工程造价管理领域当中，能够实现对工程项目的内外部结构的创建，起到节省整体工程费用成本以及提高工程质量的目的。在具体的应用过程中，一般是通过对电子信息软件技术来进行工程量的计算，针对各项工程指标开展严密的管控措施，同时建立起相应的技术化信息平台，针对各项数据指标予以广泛搜集与分析，达到更加精准的评估效果，实现对工程造价的科学管理。

通过对于电子工程现代化技术手段的充分应用，有关的工作人员可通过数据库系统分析来对整个工程施工项目予以整体管控，对于相关的工程项目建设施工作业要求展开详细的分析、论证，并且可确保对工程量的精准把控，确保工期进度与施工质量完全符合于设计标准要求。

随着当前人们生活质量水平的不断提高，对于各种家用设备的制造水平同样也提出了更为严苛的标准要求，要求其具备更加强大的技术性能。大量的家用设备也开始更多的应用电子信息技术，以实现对其系统性能的全面提升，为人们的日常生活提供科技含量更高的家用设备，满足人们的物质生活需要。

电子工程现代化技术在航天航空领域中的应用，最常见到的一种便是卫星发射，利用电子工程现代化技术能够对卫星发生做出高精度的预测与评估，以促使对卫星运行轨道的精准判断与控制，将大量的隐患因素扼杀在萌芽状态，确保所发射的卫星能够按照设计目标在预定轨道上安全、平稳运行。电子工程现代化技术对于推动我国航空航天事业的发展做出了不可忽视的重大贡献。

目前我国现已将电子工程现代化技术列为新时期发展的主要方向，电子信息产业也已经成了促进经济发展核心产业，加快电子信息工程现代化技术的发展是当前我国社会发展的主要目标之一。而要实现这一点，就必须从多个方面来着手实施，现具体分析如下：

（1）电子工程现代化技术应用产业的发展必须要得到国家政策的大力支持，才能够取得快速、稳定的发展。政策的支持能够为产业发展带来更多的融资途径，为行业发展提供更加充裕的资金扶持。持续推动电子信息网络的广泛性应用，倡导对新兴电子产业的研究与发展，奖励电子工程发展所取得的研究成果，加强对行业发展规范标准的进一步完善与改进，以确保对电子工程发展能够起到引领效果，并最终服务于国家经济发展大局。

（2）电子工程产业的长期发展必须不断进行优化改进，促进“三网融合”，提升技术产业标准，将鼓励性融资政策予以充分应用，落实有关法律规范，充分发挥出政府部门在创新体系内部所起到的保障作用，促使电子产业能够在多个方面都能够开展密切协作。基于技术与业务的双重创新式发展，来不断改进并完善有关的创新服务体系建设，并借此来促进电子工程现代化技术的发展。

（3）电子信息产业本身有着很高的技术含量，在发展的过程中也需要用到大量的尖端技术人才。针对电子信息产业发展环境加以优化改进，大力加强对高端电子工程现代化技术人才的培养，促使人才的个人价值能够得以充分发挥。从电子信息企业的角度而言，应当为技术人才提供更多的对外交流与培训机会，完善企业内部竞争机制，进一步优化电子信息企业的发展环境。

总而言之，随着目前相关科学技术手段的快速化发展，电子技术的应用也变得越来越普遍，且已经成了网络工程领域内最关键的一项技术手段。当前电子工程技术现代化产业现已成为我国经济发展的一个新增长点，市场发展前景广阔，为促使电子工程技术的经济价值能够得以最大程度的发挥，还需要政府部门给予一定的政策扶持，以促进我国工程现代化技术的快速发展，实现技术能力与经济效益的全面提升。

第二节　公路施工现场管理的工作重点

完整的公路施工过程包括前期的准备阶段如设计，中期的实施阶段以及后期的验收及保养阶段。在这之中实施阶段作为把设计图纸和原材料、半成品、设备等变成工程实体的过程是体现整个公路施工项目价值和使用价值的重要环节，自然的成为整个公路项目的关键环节，只有加强施工现场的管理才能保证整个项目准确无误地完成，提高企业在整个行业的地位以及形象。

一、公路施工现场管理的重要性

公路施工现场作为露天作业，很多时候是多工种联合作业，在人员流动和工作转变上非常频繁，是事故隐患的多发地段，为了保障施工人员的安全，降低事故隐患的发生概率，必须加强对施工现场的管理，使工程操作趋于系统性和流程化。另外，加强施工现场管理改变施工现场人物的合作状态，使其更加协调，一方面可以减少不必要的消耗，另一方面可以提高工作效率，为整个施工项目增收节支。工期推迟或者提前都会影响到施工项目的质量、成本和安全，加强施工现场，通过改善施工组织可以确保施工项目的准时完好竣工，保证企业效益的同时也为企业树立良好的形象。

尽管几乎所有的企业都能意识到安全管理是一项非常重要的工作，但是却在具体的施工过程中忽视了安全管理，因此，公路施工现场安全事故一直都有发生。安全管理不是知道要注意安全就可以的，当前部分施工企业只是空喊口号而没有实际的安全管理措施。要有效地对公路施工现场进行管理，安全管理也是必不可少的一个环节。

我们可以经常看到在公路施工现场堆积着大量的施工材料，公路施工所需的材料尽管种类不是很多但是用量却很大。材料该如何管理？材料是不是一次采购完？这些问题都是材料管理需要考虑的。然而，当前部分公路施工单位的做法却是材料买了就堆积在一个固定的场所，等用的时候拿来用便是了，不够的话就再去采办。这种材料管理观念造成的直接后果是施工成本的大幅增加，因为这样的无规章的材料采购、保管以及领用过程会产生大量的额外费用。

施工工期是衡量施工项目的一个重要因素，一项公路施工项目要按照合同规定的工期完成，前提是要有合理有效的施工组织程序。当前公路施工过程中仍然存在施工流程混乱，组织程序大量重复的现象，因为这种没有组织性的施工安排会导致工期的提前或者延迟，无论从哪个方面来讲都将严重影响施工企业的形象。

质量是公路施工项目验收的关键，高质量的施工项目可以外企业树立良好的形象。但是，部分施工企业在实施过程中为了刻意追求施工项目的低成本往往将施工项目的质量管理束之高阁，管理力度不够。

二、公路施工现场管理工作的要点

在公路施工现场要始终将安全放在首位，加强公路施工现场的安全管理。首先，要大力宣传安全生产的重要性，在整个施工企业内部树立安全生产意识。让每一个人意识到安全生产的重要性，安全管理不是个别人和安全机构的事，而是一切与生产有关的机构、人员共同的事情，必须实现全员参与安全生产管理的局面，只有这样才能有良好的安全管理效果。同时要坚持安全管理的动态性，因为公路施工的过程外界环境是不断变化的，所以在安全管理时必须实现全方位、全天候的动态管理。其次，制定和实施有效的安全管理措施。安全管理措施的制定和有效实施也是安全管理的一项措施。

在施工建筑行业材料费用约占整个工程造价的 60% ~ 70%，因此在公路施工管理中要重视对材料的管理。首先，材料采购阶段一方面要充分调查市场，搜集材料供应商的资料。另一方面要结合自身资金的情况和以往施工经验需要制定完善的材料采购计划要一次将材料采购数量、规格、品牌、产地等信息详细清楚的罗列出来，尽量降低材料采购成本；其次，材料入库阶段要委派至少 2 人分别负责材料的保管及入库登记。然后根据公路施工现场实际情况及进度情况合理安排好材料的进场工作，及时检查和验收入场材料并进行分类根据施工组织布置图将材料堆放于指定位置；最后，材料发放阶段要严格按照施工进度发放材料，并且要对后期材料的具体使用做跟进调查，避免材料的浪费和丢失。

实现完善的公路施工现场进度管理，关键在于制定合理施工进度计划，实现施工组织的合理化。施工进度计划的编制要遵循详尽、责任到位以及动态原则。具体来说，详尽性体现在进度计划编制要详细到每天每个人的作业计划，甚至水电等的作业计划；责任到位则体现在编制计划的过程中，每一作业都有相关人员负责，一旦出现差错可以直接从计划上找到该项作业的负责人；动态原则指的是进度计划是在正式施工之前的一个计划存在很多不确定性，在整个施工过程中不可避免地会存在外界条件影响导致计划必须变更的情况，这时就要求必须及时更改进度计划，以使其与施工项目达到最大限度的协调。

加强公路施工现场的质量管理，首先要建立完善的质量管理保证体系，在组织内部树立质量管理意识，将质量管理责任落实到个人。通过相关知识的宣传让每个人都意识到质量是施工项目的生命，更是整个施工企业的生命；其次要严格执行质量验收制度。在每个施工作业结束的时候，都要进行严格的质量验收工作，只有在每个小的环节把握好质量，才能保证整个施工项目的大质量。同时要委派人员不定时对施工项目进行检查，及时纠正出现的错误。实现施工项目质量的事前、事中、事后管理；最后，建立质量管理奖惩机制。将每个阶层的工作人员的个人经济利益与整个项目的质量联系起来，对于质量管理工作做得好的予以奖励，反之则务必严惩。

施工现场作为整个施工项目的核心，是施工企业经济利益物化的主要场所。施工企业要获得长远发展必须重视对施工现场的管理。加强施工现场的管理可以为企业节省资金，提高企业效益，同时也有助于提高公路施工项目的质量，为美化城市环境作出贡献。

第三节　公路工程施工项目成本管控

公路工程施工项目管理工作对整个项目管理极其重要，它关系到整个工程项目能否顺利完成，各个施工企业对于不同施工项目会制定出全过程控制，努力协调每一项工作顺利推进。

在公路工程施工过程当中，对于成本的核算主要根据企业的管理水平和施工方法决定。在成本分析过程当中，人工费、材料费、机械费、现场经费、保险、银行利息为主要构成，通过加强管理和优化之后，除了保险和银行利息由统一标价外，其他的费用都可以通过优化管理来实现。现场经费所包含的项目更多，这意味着开支弹性较大，因此对于公路项目成本进行分析，实质上就是对管理的优化，借助对于公路项目的优化管理，实现工程利润的最大化。

我国在过去非常长的一段时间内，对于公路工程的建设，都是由政府交通部门统一进行管理的，大多数是由上级部门指派任务，另外，大多数传统生产施工企业在管理控制过程中，存在着发展比较缓慢甚至停滞、缺乏成本管理理念、自我约束意识非常淡薄等方面的问题。因此，在社会市场竞争的背景下，很多企业逐步由生产型向着生产经营型的方向转变，粗放式生产模式已逐渐被先进科学的集约管理方式取代了，在这种情况下，施工企业也将迎来成本管控的新挑战。

实际上，公路工程施工项目在实施的过程中，所可能产生的成本对象属于项目成本管理的范围。但是，由于大多的施工企业管理思路没能及时进行更新，他们只对项目直接与间接成本管理方式加以重视，未对施工项目全过程以及全方位进行管理，局限在过去传统模式中。但是，直接费用几乎可以达到90%，在所有成本管理中占据着非常重要的比重。是否对这些直接费用做好管理，将会大大影响到成本管理整体的效果。但是由于受到多方面因素的影响，在进行实际工程建设过程中，直接费用的管理工作做得并不太好。

通过不断地发展以及借鉴西方先进的管理经验，我国在公路工程施工项目的成本管理方面，在理论与方法上都与国外存在着一定的不同。但另外一方面，部分施工企业或项目某一个或多个部分仍然沿用的是传统、落后的一些管理方法，因此，我国公路建设成本管理方法整体水平仍无法达到现代化管理水平。在管理体系等方面，大多数公路工程企业成本控制侧重在事后的分析方面，大都忽略了对于成本管理事前的预测工作。

在很大程度上，公路企业的竞争归根结底是成本优势的竞争。一个企业生存与发展，都会与某个重大项目成本高低有着密切的关系。企业管理要着重对于项目经理部管理人员的成本竞争意识进行培养，他们竞争意识的强弱对企业的整体效益将产生直接的影响。但是，由于目前我国公路项目管理人员成本竞争意识比较薄弱。例如：对于公路建设市场的发展情况并不重视，对于市场环境是不是良好也不重视；未对成功的竞争企业进行深入的研究，自身闭塞甚至狂妄自大，更谈不上对于其他企业在成本管理方面优势的重视，在选择材料供应商以及劳务队伍的时候，缺乏严谨的态度，很多情况下没有准确地掌握人力与物料的行情。

目前，虽说大多公路企业都制定了较为成熟的成本管理体制，但在具体操作过程与规章制度等方面，仍存在着一些问题。有的企业虽然制定详细的成本管理制度，但是，由于整个项目参与人员在成本管理活动的时候，未遵守所制定的准则，使这些制度形同虚设；有的施工企业虽然制定成本管理体系比较全面，但是在进行实际执行的时候，却暴露了很多的纰漏；有的成本管理未与绩效考核相结合，没能通过奖惩制度的兑现来激励员工的工作积极性。

由于受到传统管理观念的约束，目前很多企业对于成本管理活动未能除旧纳新，仍然把工作重心放在施工时期，从而导致成本管理缺乏一定的全局观，内容也不全面。各施工单位之间的配合并不协调，不能实现互助互利、齐头并进，问其原因大多是由于成本管理负责人意识欠缺，没能缜密进行规划，也不能准确计算出施工的成本。甚至有的施工企业，对总体成本工作并不重视，为了追求部分单位或分项工程效益，仅仅注重了局部的费用控制。有的项目经理在成本管理时，忽略了项目每一个部分或阶段对整体性的影响，只单纯地追求了个别分项工程成本的降低，反而使得整体成本明显增加了。

随着社会的不断发展，公路项目逐渐形成了适合自身企业、切实可行的成本管理体系，选择先进的管理方法与技术，保证能够跟上公路建设发展的步伐，从而满足了市场的竞争机制。但是，由于目前我国很多企业未及时更新成本的管理方法，采取的成本管理思想与方法过于陈旧，科学性及其可行性都比较低。总之，落后的成本管理法，严重阻碍了公路建设企业效益的提升。

公路工程施工单位对于施工人员、材料、机械等进行合理调度，从公路施工的特点与具体要求出发，为施工有序高效的进行打下了坚实的基础。与此同时，施工企业还要从项目具体要求出发，以公路项目整体的目标作为依据，对每一个施工工序进行科学合理的安排，从而使公路工程项目能够科学、有序、连续地展开。另外，要排除重复性的工作，避免由于多种资源材料所带来的浪费，从而实现了工程项目成本的减少。

在大多数公路项目施工过程中，招标投标工作是目前选择的主要方法。业主单位选取最优单位通过公平的进行招标、开标、评标、定标等程序进行最终的确定，然后与中标单位签订合同，并明确双方权利与义务。业主单位要严格遵循国家相关程序，并根据规定规范招标投标的过程，从而保障了整个过程能够公平、公开、公正地进行。

在公路项目进行施工时，施工企业通过新工艺、新技术与工程紧密结合。施工企业还要在实践过程中，科学运用新技术，使企业在施工期限与提升公路建设项目质量方面都取得了很大的优势，从而实现了经济效益与社会效益。

为了确保各项工作能够按照相关规定要求展开工作，必须要强化现场管理，从源头上避免返工问题与工程成本的增加，从而保证了每一道工序都能够高质量地完成。一般来说，在实际工程建设过程中，不可避免地会出现转包、分包、变更设计等方面的问题，而这些问题对公路工程质量产生直接的影响，甚至会延误工程的工期。因此，相关责任单位要提高施工现场的管理水平，从而保证公路工程项目能够高效、顺利地进行。

综上所述，公路工程项目成本管理在管理过程中发挥非常重要的作用，同时，也是管理过程中的一项重要内容。文章结合我国公路工程施工成本管理的现状，对施工成本管理中的问题及原因进行了归纳，并对公路工程施工项目成本管理的对策进行了分析。随着公路工程项目成本管理水平的不断提升，公路工程建设收益、工程质量及其社会效益也会得到明显的提升。

在公路工程的施工过程中，材料费用在整个工程的成本费用中占有较大的比例，因此，要做好工程的成本控制，首先需要对材料费用进行严格的控制。

在材料的采购、运输、储存以及使用过程中，每一个环节都会产生成本费用。在采购材料的过程中，应深入了解材料市场，掌控各种材料的单价，寻找性价比较高的材料，少批次大批量地采购材料，这样可以降低材料的单价，也可以节约一部分运输成本。同时，在材料的储存过程中，需要对其储存环境进行优化，在保证材料使用性能的基础上，尽可能地降低储存成本投入，从而获得最佳的收益。

材料采购完毕后，对材料的使用控制也是十分重要的。要根据日常的材料使用情况，对材料的消耗情况进行准确的掌控，并以此为依据，提前对各材料做出合理的使用计划安排，对每个时间单元内使用的材料进行精确的掌控。在使用过程中，要对出现的异常数据进行处理，并采取有效的措施防止材料的浪费。

在对材料进行管理的过程中，还存在以下问题：①材料保管不当，会造成严重的材料浪费问题。在保管材料的过程中，需要根据材料的物理化学特性，做好防水防潮工作，以保证其基本性能，防止材料的损坏或变质，从而影响施工质量，更会导致不必要的经济损失。②材料的使用计划和实际使用量不匹配，造成了在施工过程中，常用的材料不够用，不常用的材料用不完的尴尬现象。要避免这个现象的产生，需要相关管理人员在对材料的使用的规划过程中，深入了解各材料单位时间内的使用量，从而提高计划的准确性。

单项工程外包，就是在对工程进行外包的过程中，对整个工程项目进行整理拆分，将拆分出的项目承包给其他施工单位，因外包施工产生的费用需要业主支付给施工方，承包方只是承担部分施工费用，这样就极大地提高了整体的施工成本，不利于施工效益的提升。对此，在工程外包施工管理过程中，管理人员应深入施工现场，做好监督监察工作，保证施工人员严格按照操作规程进行施工，从而提高施工技术水平，为工程质量的提升提供基础保障。此外，在工程外包管理过程中，管理人员还应做好外包单位施工成本控制工作，尤其在材料采购与使用方面，应尽可能地减少材料浪费，对材料进行二次利用等，以此提高材料的使用率。

在施工过程中，对人工成本进行控制难度较大。首先施工人员大多数是临时施工人员，编制混乱，参差不齐，导致施工过程中，人员管理混乱，对薪资的核算也有一定的难度。

对人工费用的控制，主要是判断人工费用和人员的配比是否合理。例如，对工资的发放权利进行监督管理，避免公司资金流失。另外，在进行人工费用管理的过程中，需要对当地的薪资水平进行调查分析，对超发薪资现象进行整治。在施工过程中，还应对工程任务量进行准确的分析，以合理配备工作人员，避免造成人员浪费，增加施工成本。

据相关研究表明，在公路工程施工过程中，人工费用的投入大约占整个工程成本的12%，表明在工程施工过程中人力资本投入较大，对雇佣人员工费进行有效的控制是降低工程成本投入的主要内容。因此，施工单位应加强人工工费控制力度，将劳动资本转向人力资本，引进机械化与自动化程度较高的设备与高技能人才，为工程施工的现代化发展提供基础保障。如在公路施工过程中，对于混凝土路面的压实与浇筑等工作的开展，施工单位可以通过运用大型机械设备降低人工的劳动强度，提高人工劳动效率，进而降低劳动成本；同时，要做好大型机械设备的保养工作，避免机械设备在运行过程中发生故障。另外，要将机械设备的损耗速度控制在一定范围内，从而延长设备的使用寿命，降低设备折旧费用。

材料是工程施工工作开展的基础，也是工程施工成本控制的关键环节。在公路工程施工过程中，为了保证施工质量，施工单位必须引进高质量的材料，但是，施工材料种类和数量较多，若对其进行一一进行检测，材料成本会明显增加，不符合成本控制原则。对此，采购人员要对材料供应商的素质、服务及业内评价等方面进行全面的调查，在保证材料质量的基础上，选择性价比高的材料，从而与供应商达成长期合作，并结合材料市场现状，制定相应的成本预算方案，保证材料成本的经济性。

一些施工单位的管理制度尚不健全，在进行施工管理的过程中，这些管理漏洞会造成施工过程中出现资金流失问题。针对这些问题，施工单位应从以下几个方面入手。

（1）构建完善的项目管理体系。在施工过程中，对施工成本控制目标进行细化，并将其划分到每一个部门，然后对各目标的完成情况进行分析，并及时调整施工方法和进度，保证施工成本控制管理水平。

（2）加大资金监督力度。在施工成本控制过程中，加大资金管理监督力度是保证资金有效流动的关键。因此，相关人员要全面掌握资金的流动方向和用途，避免出现工程资金亏空的现象，保证工程资金管理水平。

总而言之，在建筑工程的施工过程中，成本控制是影响工程效益的关键环节。企业要获得较大的项目收益，就要重视工程成本控制，采用科学的管理办法，不断优化其管理体系，做好工程资金的管理工作，为工程项目施工的顺利开展提供资金保障。因此，在公路施工过程中，成本控制人员应从人员、材料等方面入手，做好成本控制管理工作，严格规范施工过程，全面优化成本结构，提升工程项目的经济效益，为行业的可持续发展提供动力。

PPP 模式又称为公私合营模式，起源于英国“公共、私营合作”的融资机制，是指政府与个人机构之间为了建设城市基础设施项目，或为了供给某种公共物品和服务，以签订特许权协议为前提，彼此之间形成一种紧密的合作关系，并通过签订合同来确定双方的权利和义务，保证合作的顺利完成，从而使合作各方达到多赢的效果。PPP 模式将部分当局的责任以特许经营权的方法转移到社会主体身上，政府与社会主体建立起“共享收益、共担风险、全程合作”的伙伴关系，政府的财务压力减轻，社会主体的投资风险降低。

近年来，建筑行业快速发展，促使整个建筑行业内的竞争越来越激烈。要在竞争中取得更好的战果，在对公路工程质量进行控制的同时，还要对项目成本进行更合理有效的控制。对公路工程施工项目进行成本管理的难度较大，首先施工环节众多，施工材料复杂，所以在进行工程造价评估和成本核算的过程中，存在一定的难度，因此，要对公路施工项目进行更好的管理，需要采用新方法，以更严格的管理方式对相关工作进行管理。

一、PPP 模式下公路施工成本的管控现状

（一）项目准备阶段

公路施工建设是一个过程非常烦琐的工程项目，PPP 模式下引起私人企业投资者关注的是投资利益，投资者对投资估算的要求更精确，因此，建设方案要越发仔细，不但要适应国家宏观调控的需要，还要让投资者对风险控制满意。PPP 模式下的公路施工成本是市场成本，但是，如果根据定额以及标准计算施工成本，远高于常规的公路施工项目成本，

定额中不包含新的工艺，技术成本与实施阶段的成本偏差有些大。

（二）项目招投标阶段

PPP 模式基本上都是通过招投标这种单一的方法确定合作对象，负责招标的单位必须对项目的可行性进行一系列严格的分析，由公共部门协调各个领域的专家对每一家投标的单位进行客观公正的分析评价，然后，在已经确定的几家候选单位中，与招标单位针对合作事宜进行谈判，以便对双方的责任承担、风险收益等诸多重要的问题达成共识，最终确定合作伙伴。

（三）项目设计阶段

公路施工建设是规模很大的项目，因此，对于公路工程的建设，必须要有准确的规划进行整体控制，将公路施工项目的技术、经济、人为等因素密切结合，这是控制公路施工项目建设运营成本的必要手段。但在当下，很多公路施工项目没有对施工项目的设计和实施进行必要的管理和控制，在对公路施工项目的造价成本进行编排的过程中，没有进行切实的动态管控。与之相反，施工单位过分追求公路项目的设计创新和设计方案本身的完美，缺乏对公路施工项目建设的现实性考虑，无法避免公路施工项目在后期实施阶段与前期设计阶段存在的矛盾。

（四）项目实施阶段

在公路施工项目的实施阶段，最重要的问题是施工项目的成本节制。原因是存在着很多突发的因素，例如社会状况、设计上出现改变、在施工过程中的工程受损等，这些情况一旦出现，必须对项目成本进行最大程度的管控。除此之外，政府对之前的规划进行调整、对工程补贴不到位、政府不能履行做出的承诺、市场融资环境的变化等都会对公路施工项目的造价以及成本有着很大的影响。这些因素甚至关系着项目是否可以继续，容易造成不利的社会影响。

（五）项目运营和结算阶段

我国在公路施工项目运营阶段还未制定统一的标准和规范，如何制定运营成本是如今的问题之一。在公路施工项目结算的过程中，出现了投资方为获得更多的好处，而多算成本、发包时使用阴阳合约、政府对结算造价或者成本不承认等问题，使工程结算存在很多的矛盾，工程项目的价钱难以确定，最终造成项目决算一直拖延甚至无法决算。

二、PPP 模式下公路施工成本的管控策略

（一）控制公路施工项目设计阶段的造价

在公路施工项目的设计阶段，必须要有一个整体规划来控制该项目，充分考虑施工项目的建造技术和经济因素，协调好公路施工技术与经济成本两者的关系。利用 PPP 模式管理和控制公路施工项目的设计和实施，在项目的造价预算过程中，对工程的造价估算进行

动态管控，恰到好处地根据施工项目建设的实际情况，对于存在的一些现实问题进行充分考虑，为施工项目的造价提供各种可行的参考依据，以便设计出切实可行的实施方案，减小设计阶段与后期实施阶段的价格误差。

（二）控制公路施工项目决策阶段的造价

在公路施工项目的决策阶段，利用 PPP 模式进行项目的决策，可以保证估算方法更准确、更具说服力，收集到的数据材料也比较可靠，可以最为科学地进行投资估算，从而为投资决策的合理性奠定良好的基础。在 PPP 模式下，对关于决策阶段的各项技术经济决策进行严格监控，这就对施工项目的造价产生了重要的作用，尤其是在建设标准、选址、技术以及所需的设备方面作用更加明显，直接影响着工程造价的高低。

（三）控制公路施工项目招投标阶段的造价

在公路施工项目的招标、投标阶段，施工项目造价的高低对公路建设的发展有着直接的影响，过高的承包费用无疑会导致业主的投资遭受损失，同时，也不利于施工项目的高质量完成。但是，低价承包又会造成承包商不按约定施工或者延误工期，最终影响施工的质量。所以，在公路施工项目的招投标阶段，进行严格的控制与管理是担保施工质量的有效措施。在 PPP 模式下，根据现行的规则与约定、施工方案、现场情况、定额与收费标准、施工时间等仔细核对工程量、差价以及经费是否适度，保证标底价的客观真实性。

（四）控制公路施工项目实施阶段的造价

在公路施工项目实施阶段，一方面，要对施工所用原料的价格做出限制。要充分考虑资金的周转周期和占用的时间，制定科学的进货批次和数量，最大限度地降低原料的储备量；安全有序地组织运输并选择便宜划算的运输方法，尽可能地降低运输成本；在保质保量的基础上进行价格对比，选择原料价格比较便宜的厂商去购买原料。另一方面，要对原料的用量进行控制。要对施工用料做出科学合理的分配，在保证施工质量的基础上，争取用低价原料取代高价原料；采用限额领料的方法，各个施工组只能在限定的范围内领取原料；不浪费余料，坚持余料再利用原则，将剩下的材料回收利用，降低材料的消耗。

（五）控制公路施工项目结算阶段的造价

在公路施工项目结算阶段，降低公路运营和保养的造价，同时，对其进行科学的评价。在项目结算时制定规则，加强监管，健全利润分配制度，合理计算项目总额，精确入账，从而确保各方投资者的经济利益相对平衡。此外，还要充分考虑到施工项目资金的时间价值、项目成本以及经济效益，达到个人效益与社会效益的统一。

公路施工项目建设运营中的成本管控是整体的、复杂的工作，公路施工项目从最初的地质勘探、路线选择、开始建设再到公路施工项目的完成结算，施工的造价成本问题贯穿始终。在公路施工项目的运行中，只有对施工项目的各个阶段进行科学合理的控制和管理，才能尽可能地降低成本，有效推进我国公路交通事业的快速发展。

第四节　公路工程施工及养护质量管理措施

交通建设工程的主要特点是投资效益高、投资额巨大、使用的时间长，所以道路建设也成了我国经济建设的主要命脉之一。在这个背景之下，我国经济发展的速度和道路建设速度、质量息息相关，在道路使用过程中，必须采取切实有效的措施，保证道路的使用寿命，提升道路的使用年限。为了保证道路的质量和使用年限，可以提升施工材料质量、充分发挥工艺性能、选用机械化施工设备、化施工工艺。除此之外，提供道路的养护水平也是重要工作，提高了道路的养护水平，才能保证道路在后续的使用过程中不出现质量问题。

当质量管理在公路工程中施工中运用时，中标后的施工企业应该采用分级管理和逐级负责的管理方式并且建立比较完善的质量管理体系以及建立良好的三方合作关系（即项目经理、施工、专门施工部门之间），以此来加大质量管理在公路工程施工中的工作力度。

其中，将进度计划作为基本根据以此对工程进度进行管理控制。在施工组织中，进度计划包括了每个时间段的作业计划、材料计划以及机械计划，进度计划是对工程从准备到结束的整个过程的反映。而在施工过程中的每个部分的步骤和工序之间都具有衔接的关系，这种关系的调和不仅是对现场的管理者能力的一种体现，也是促使整个工程顺利进行、工程资源妥善调配的前提条件。如果工程进度在外界因素影响的条件下偏离计划主线，那么需要管理者随机应变，充分考虑现场情况和现有工作安排，兼顾整个工程形势，将现场工作安排妥善。

工程质量与施工质量的关系是阶梯式的，工程质量作为阶梯的下面部分，施工质量处于上层，只有在下层建立的基础上，上层才能稳妥开展。而结合预防把关、并且以预防为主是保证施工质量的关键。为了保证施工中各项工程质量的同时使其顺利进行，应该严格把握各项工作的时间进度，使其在预先计划好的时间内完成。对于一些容易影响工程进度的因素，例如器械材料或者施工质检，我们应结合其他因素对此类影响因素进行全程控制，不论前期、中期或者后期，从全方位和全时段两个方面严格控制这些影响因素，预防为主，就是所谓防患于未然，在有所准备的情况下，处理起工程进度被阻碍的情况会更加得心应手。

机械化自动程度低、缺少专业性的养护是目前施工养护中存在的主要问题，目前施工养护的方式仍是比较传统落后且比较分散的人力养护，致使处理公路问题时效率低下，对于灾害发生时的应急处理性差等，可想而知。这样的公路维护状态可能也会造成一定的经济损失和伤害，所以这样传统的养护方式非常不利于发展养护工作的进一步发展。

在交通飞速发展的今天，尽管空运、海运、铁路运输十分发达，也被不少人认为是更快捷的交通方式，但因公路更灵活，道路可以四通八达，所以公路仍占据着不小的地位，而为了更好地建设公路，提高公路等级，首先要对提高道路路面标准做努力，以此赋予它更重要的社会责任。如上一段所提到的，目前公路的养护方式传统落后，人力养护具有业务技能弱和技术力量不强的局限性，为了使养护工作跟上公路建设的步调，则更加需要养护工作向高等级、高技术、专业化的方向发展，但是由于目前养护工作的经费不足的问题，却严重制约了它的发展。

对于公路管理的领导和职工，应积极引导他们学习思想与行动的结合，以此为动力为公路养护作出更大的贡献。在思想方面，加强学习与其工作生活相关的思想政治理论知识，贯彻科学发展观和社会主义核心价值观，使他们的思想水平进一步提升；在行动上，需要干部和职工贯彻新的发展理念，增强自身的全局意识，并且勇于承担，在公路养护出现问题的时候，到现场去勘测后，积极出谋划策，贡献自己的一分力量。

对于公路养护来说，当务之急是考虑如何充分利用、分配好资源的问题，此时可以考虑将机械方面与专业养护资源进行类似于优化组合，提高公路对灾害的应急处理能力与养护工作效率，提高养护工作的质量，促使公路建设在此基础上更好地发展，并且使公路的经济通道作用发挥到最大程度，使国家的交通服务更上一层楼，为人民提供更多的便捷，以适应如今快节奏的生活。

由于公路养护工作技术性日渐增强，在以人力为主的养护工作中，职工的专业技能很难与技术同步，对于一些高要求、高标准和高技术含量的公路养护，专职于养护的职工往往达不到理想的效果，所以专业性和技术性的职工是十分缺少的。为了解决人才缺少这一问题，我们可以采取对相关职工进行再教育的工作，对其进行定时的业务技术能力培训，赋予他们更强的工作能力和技术能力，这样也进一步解决了公路养护效率低和施工维修质量较差的问题。

应严格全面的检查辖区内所有公路路况，并对检测数据和相关资料进行整理收集与统计，这类数据对于以后为公路制定具体的养护计划的作用非常大。检查工作可以划分为4个方面：①检查路况；②对检查结果进行分析并对其进行评定；③如何对其进行养护；④确定具体的施工工程，以此为基础，落实具体可行的公路预防性养护工作与检查制度，从而在理论制度上展开与之有关的预防性养护工作。

充分了解和重视预防性养护工作的重要性。采取根据实际问题集体讨论后，在不超出预算养护资金的情况下，支持预防性养护工作，落实预防性养护资金，从而促进相关工作的开展和预防性养护工作的长期有效进行。

应对公路相关环境保护予以重视，严格推行戈壁文明通道建设工程。同时严抓落实、严格要求安全生产管理工作。相关的施工人员必须对自身安全和其他人安全负责，拥有良好的安全意识，即对自身规范穿着工作服，佩戴安全帽，在公路作业区一定范围内做好显眼的标识，积极推进安全检查和整改工作，全面落实安全管理工作。

加快相关实验的进度，对于沥青冷补料的应用技术尽快发展，加强沥青路面裂缝微处理技术水平。就如何对破旧公路面进行回收再利用的问题进行技术层次上的讨论和研究，希望能够解决这个难题，实现资源的回收利用。目前已有的公路养护机械器材有：①用于清扫的设备：它在工作时不会扬起灰尘，也没有噪音产生，运行十分方便，可以灵活操作，结构轻，因此降低了使用成本和维修成本。②道路清扫车：最大的优点是高工作效率，对于地面、马路旁道的清扫和洒水清洁工作也可以一次轻松完成，并且适用于不同气候和不同路况。③多功能养护车：它的现代化程度非常高，正如其名功能十分强大，可以清洁公路防撞护栏、降低路面温度、清扫路面以及对绿化带进行保养等功能。④桥梁检测维修车：与桥梁检测仪器相配合使用，在进行检测工作时，桥梁检测维修车可以为桥梁检测人员提供作业平台，有利于在转移检测部位时加快维修工作进行。桥梁检测维修车可以随时进行转移，并且非常灵活，提高了流动检测维修工作的效率。

质量管理对于公路工程施工和养护管理来说十分重要，在实际过程中，应考虑多方面因素，结合相关组织措施和技术，并且优先考虑预防管理。就算在某些条件不利的情况下，也要克服它们带来的影响，随机应变合理安排下一步工作。以要做到最好的心态，去管理施工质量和养护工作，这样带来的好处是长远的，不能只图一时方便，在公路上留下缺陷，致使日后的维护工作会更加烦琐和耗费更多的资金。此外，不仅要狠抓落实管控工作，也要在技术、工艺、检测等技术方面下功夫，多方面并进地保证施工质量。

随着建筑行业的快速发展，公路建设已经逐渐成为人们关注的热点，因为公路建设质量的好坏与人们有着直接的关系，对运输行业的发展也有着重要的作用。在对公路的建设过程中，为了保证施工的质量问题以及车辆的正常行驶，就要采取一定的措施，加强对公路的建设和养护工作就显得十分重要。

在公路进行施工过程中，技术人员的综合素质对施工的质量有着直接的影响，所以要加强施工人员技术方面的培训，积累施工的技巧与经验，同时提高对施工质量的重视程度。在工程实施的过程中，施工人员要从思想上对工程质量提高重视程度，在主观上努力工作，认真做好细节，同时不断地学习新技术，以提高妥善解决施工出现问题的能力。同时，要把质量自检工作纳入到日常工作中，对存在的缺陷及时纠正，使得公路工程的质量有明显的提升。提高责任感，施工管理人员在施工期间不得擅自离开岗位，充分做好公路的检查和监督工作，从而提升整体的施工的质量。

在公路建设中，建筑材料是不可缺少的关键因素，所以施工单位在进行选材的过程中，要尽量选择实用性强且质量上乘的公路建设材料，同时还要保证材料的供给及时，避免出现在施工中突然缺料的情况发生。在此期间要充分地做好对水泥、粗细集料等材料的检查和检验工作，保证材料在施工中都是合格有效的，对于一些不合格的材料要及时进行处理。另外，还要控制好材料的配比工作，保证搅拌均匀，从而有效地促进施工顺利进行。

在公路工程进行施工的过程中，如何做好路基不均匀的沉降工作是摆在施工者面前的重要问题。首先在路堤填筑前，施工人员要对原地面进行处理，压实填土路基。路面含水量过大时，需要翻晒填入的湿土，同时洒入少量的水，保证填土的湿度能够适合压实的湿度，从而有效地使公路得到压实。另外，如果是软件路基，则需要做好路过渡段的工作，保证相关工程施工质量。防止在施工的过程中出现沉降的现象，造成施工质量出现问题。

加强公路质量控制，首先要确保公路的压实度，摊铺机起着重要的作用。在进行摊铺前，要保证熨平板的正常预热时间，为摊铺顺利进行奠定基础，防止出现混合料黏结现象。要重视熨平板的平直度控制，确保混合料摊铺缓慢、连续、均匀进行，有利于碾压质量控制。摊铺机两侧的混合料要超过三分之二，且确保螺旋送料器处于均匀转动的状态，才能保证混合料的摊铺效果。铺摊机的作业路线要保持平直，若路线发生曲折，则会影响到后期碾压效果。为了更好地控制压实度，摊铺机的摊铺速度应该控制在每分钟 3 ~ 5m 之间。在摊铺完成后要及时地用轮胎压路机或者是钢轮压路机进行三轮碾压，包括初压、复压和终压，对混合料的温度要求是在 115 ~ 135℃之间，碾压速度在每小时 2.5 ~ 4.5km 之间。在碾压施工期间，运用雾状喷水装置对混合料进行喷洒能有效地预防其黏接现象的发生。混合料的碾压要保证其连续性和均匀性，且要沿直线工作，禁止任意停顿及掉头，确保公路的压实度。

根据目前来看，我国对施工的养护质量管理起步较晚，需要建立完善的公路养护体系，同时还要建立施工质量追究责任制度和公路施工及养护管理制度。在施工完成后要严格地按照相关标准规定来进行评判和检查，从而使公路建设施工的质量得到有效的保证。另外，在养护工作的进行过程中，要设立相关的负责人，并且聘请专业技术人员进行公路养护工作，将责任真正地落实在个人头上，从而使整个养护质量管理工作更加具有科学性。

在养护质量管理的工作中，要结合自身的实际情况，加强对人员培养和队伍的建设。同时，养护管理单位要注重对高素质人才的引进和培养，强化队伍的素质建设，为有效地开展各项工作提供可靠的依据。另外，要结合时代的发展和需要，建立一套较为完善的养护管理体系，对养护工作人员定期进行培训和管理，采用现场教学和观看课件等方法，提高养护工作人员的管理水平，强化自身的修养，增强各方面的综合素质能力。使他们在严格的流程中充分地做好养护质量管理工作，保证养护管理任务的顺利进行。

养护设备的管理使用直接关系到公路工程质量的好坏，所以要不断地加强机械设备的管理，提高养护设备的利用效率。①合理地配置养护设备，按照公路工程的实际施工需求和施工计划，合理地配置养护设备；②提高养护设备的管理工作，养护工作人员不仅要按照规定准确地操作并养护好相关设备，整理好设备的相关资料信息，对机械设备的性能进行评价分析，在保证养护质量的前提下，尽可能地控制养护设备的运行费用，实现养护施工的最大收益。

为了保证公路工程的质量，加大资金投入力度是非常有必要的，首先要建立健全的养护管理制度、资金投入制度与保障制度。合理地安排各项资金的使用，保证全部资金能够落实到位。并且还要注意对新技术和新工艺的创新与引进，在施工过程中要严格按照相关流程进行，推动养护管理水平提高，从而对促进养护质量管理工作有着积极的作用。

近年来，我国重视公路工程的开发建设，兴建了多条便民的高速公路，为人们的生产和生活提供了很多的便利。对公路施工而言，施工的质量和养护的质量管理都应该提高重视程度。只有这样，公路才能够有效的运营。本节主要对施工过程和养护质量管理进行了分析，以便于快速地解决工程中出现的问题，保证公路的施工质量。

第五节 BT模式下公路建设环境保护管理体系

随着我国经济的迅速发展和对交通运输需求的不断提高，公路作为重要的基础设施得到了迅猛的发展。由于公路特别是高等级公路建设投资周期长、规模大，单纯依靠财政拨款无法满足项目建设中巨大的资金需求。BT(Building-Transfer) 模式成功地将民营资本引入公路建设项目投资中来，能够有效地解决大规模公路建设项目的投融资问题。早在20世纪80年代，BT模式就已经盛行于发达国家，并被广泛应用于交通、能源、市政等基础设施领域。作为一种新兴的工程建管模式，近年来BT模式在国内也得到了蓬勃发展，尤其在一些政府牵头开发投资的公益性项目中应用较多。

截至目前，国内外学者针对建设—移交类模式下的工程建设和管理进行了一系列研究。如Wu等提出BOT(Build-Operate-Transfer) 模式是交通运输网络建设的最优选择；Zhuo等模拟分析了政府担保对BOT项目的道路质量和通行能力的影响；Hanaoka和Palapus采用蒙特卡洛模拟和议价博弈理论，提出了一种确定BOT公路建设项目合理让步时间的方法；Tan和Yang研究了不确定性需求条件下的道路特许经营BOT建设项目的合同设置；Chen和Subprasom分析了需求不确定性情况下，BOT模式建设私人收费公路的监管和政策等；童琳对BT模式建设过程中的具体实施方式进行了阐述；陈国荣提出BT项目新的组织结构模式和管理行为模式。当前，BT模式在国内轨道交通建设融资方面的应用较多，如戴和根、汪阳分别以深圳地铁5号线为例，提出由BT承办方代替业主管理监理单位的工程监理模式，分析了BT模式下项目建设的组织结构模式、运作流程和运行机制等；在公路交通建设项目中，袁冻雷以郑州巩登高速公路为例，分析了BT模式建设项目的管理体制、组织模式和目标控制；谭超群对典型公路BT项目的风险进行了识别和评价研究；李晓磊对城市快速路BT项目工程质量管理进行了研究。

环境保护管理是建设项目工程管理的重要内容之一，为了加强公路交通环境保护工作，减少公路建设对环境的影响，董小林提出了建立公路建设项目全过程的环境管理体系；刘端结合青藏铁路建设实践，对施工期环境保护管理的组织体系、制度体系和环保工作措施进行了研究。

以上研究有力地推动了BT模式建设项目工程管理体系以及建设项目中环境保护管理工作的不断完善。然而，针对BT模式下建设项目环境保护管理方面的研究尚属空白。随着BT模式下项目建设综合管理体系的改变，环境保护管理工作也发生了较大变化，因此有必要开展BT模式下建设项目环境保护管理体系研究。本节将以高速公路BT项目建设中的环境保护管理为依托，构建此类投资模式下公路建设项目的环境保护管理框架体系和管理职责，旨在为同类投资建设项目的环境保护管理工作提供参考。

该模式下的项目环境保护管理与工程项目的总体管理保持一致，即业主通过工程建设合同的约定，将建设项目的环境保护主体责任下放至 BT 项目投资建设方。有时考虑到工程的特殊性，BT 项目发起人往往会对 BT 项目公司行使一定的环境保护监督和管理的权利。

BT 模式建设项目的环境保护管理工作主要包括 2 个层面：一是项目实施过程中担任“裁判员”角色，监督 BT 建设方在工程建设中对环境保护要求的落实情况，这称为 BT 项目外部的环境保护监督管理；二是 BT 投资建设方（BT 方通过投标方式从政府获得项目建设的特许权）在项目建设阶段通过招投标方式组织设计单位、施工单位、监理单位和设备、原材料供应商等参建各方在项目建设全过程中按照国家环境保护相关法律法规和招标文件中的环境保护要求全面落实，BT 项目投资建设方中的管理公司通过监督管理和综合协调其他参建单位来推进落实环境保护工作，这称为 BT 项目内部的环境保护操作管理。

通常情况下，建设项目环境保护管理工作主要由具体项目指挥部统筹管理和实施。指挥部直接对设计单位、环境监理单位、施工单位等项目参建单位提出环境保护管理要求，同时接受行业和环境保护主管部门的监督和指导。当前 BT 模式在我国主要有 4 种管理模式，分别为二次招标型 BT 模式、BT 施工承包模式、BT 工程总承包模式以及完全 BT 模式。由于参与各方的合同关系结构不同，各模式下的项目环境保护管理工作也存在较大差异。

二次招标型 BT 模式环境管理中，BT 项目业主单位对项目前期的环境保护管理多局限于“外围环境管理”，重点协调环保、水保等相关行业主管部门开展环境监督，而不直接指导项目建设过程中具体的环境保护工作。至于建设过程中的环保设计、施工和环境监理等环境保护管理工作，则主要由 BT 投资建设方与其他参建单位签订合同以约定各自的环境保护职责，实现“内部环境管理”。这意味着 BT 投资建设方将环境保护职责通过合同的形式直接向下游方向传递，其只承担建设过程中的环境保护监督管理工作，具体的环境保护实现职责由设计单位、施工单位和监理单位分别承担。

BT 施工承包模式环境管理中，BT 项目业主除了协调相关行业主管部门外，可以通过独立或联合委托监理单位开展施工期环境监理工作，协助管理项目建设过程中的环境保护工作。建设中的环境保护管理工作由 BT 投资建设方与其下属的施工承包商联合实现，但由于项目的施工任务由建设方之一或其指定的下属单位来承担，项目公司与施工承包商之间存在着一定的利害关系，因此可能存在环境保护工作成效打折的情况。BT 项目业主单位需要通过环境监理机构对项目内部的环境管理工作加强监督、检查和指导，防止 BT 投资建设方及其下属施工承包商联合回避施工中的环境保护问题。

该模式下，BT 项目业主通过环境监理等对项目具体的环境管理工作进行监督和指导，如同 BT 施工承包模式。BT 投资建设方按照合同要求对项目涉及的勘察、设计、采购、施工、竣工验收中的环境保护要求予以落实和实现，同时接受 BT 项目业主和相关主管单位的监督。该模式相当于业主将项目设计、施工和试运营中的环境保护工作以总承包的形式交予投资建设方实现。

完全 BT 模式下，BT 项目业主单位不对建设过程中的环境保护进行直接管理，如同二次招标型 BT 模式。BT 投资建设方组建的项目公司按照合同要求对所有各方的环境保护要求予以落实。

公路建设项目环境保护管理主要包括 BT 项目发起人监督管理与 BT 项目承办人（建设单位和施工单位）具体的环境管理两大部分，另外还有环境监理单位、环境保护咨询单位、环境监测等环境管理协作单位参与其中，以及行业主管部门和环境保护监督管理部门对项目环境管理的宏观指导。本节以 BT 工程总承包模式为例，建立了环境管理总体框架体系。

BT 模式下公路建设项目环境保护管理基本体系是实现公路建设环境保护和落实管理计划的基础。为了实现公路项目建设中环境保护管理全方位、全覆盖的目标，现从 BT 项目发起人、环境监理、BT 项目承办人（含内部建设部门）三个重要的控制环节分析各自的环境管理组织体系。

BT 模式项目发起人要在项目建设全过程中，通过监理单位对项目环境保护工作执行情况进行掌握和监管，确保项目建设全过程符合环境保护相关规定，满足相关部门的监督检查要求。为此，BT 模式项目发起人内部需要设立相应的环境保护管理组织体系，确保专人专责，一方面处理前期的环境保护外围管理工作，另一方面对环境监理单位现场发现的问题进行及时、专业化处理。通常由相关领导兼任环境保护管理负责人，同时设置 1 ～ 2 人专门负责，其他相关部门（工程、财务等）配合的全方位环境保护管理体系。

BT 工程总承包模式中，工程监理是接受 BT 项目发起人（业主）的委托而开展技术服务性活动，即利用专业环境监理工程师的知识、技能和经验，为项目业主提供监督管理服务。为了在公路建设中全面落实环境管理计划，在监理单位招标阶段就要将环境监理工作纳入工程监理中，要求工程监理单位成立专门的环境监理办公室来监管项目建设中的环境管理计划执行情况，并直接对 BT 发起人环境管理机构负责。环境监理的介入可保证公路建设中的环境管理计划得到充分落实。环境监理办公室可以按规定检查、审查、校验公路建设中的各项环境保护工作，并与工程计量和支付挂钩，从而加强环境保护工作的落实力度。

项目承办人的环境保护管理组织体系主要包括总承包方环境保护管理组织体系和施工单位环境保护管理组织体系两大部分。

公路建设中环境保护管理工作的落实，必须要明确 BT 项目承办人（总承包方）对该项目环境保护工作的具体要求，并配套建立一套完整的环境保护管理组织机构，确保项目建设中的环境保护管理和控制工作顺利开展。通常公路 BT 项目承办人（总承包方）大部分由路桥等相关专业人员组成，这可能导致总承包方管理层面忽视环境保护管理工作的推动和落实。为此，总承包方需要根据建设项目对环境保护管理工作的具体要求，专门设置环境保护管理工作组，安排专业人员开展项目环境保护管理工作，并在环境保护管理工作中适时引入环境保护咨询机构，对本项目环境保护工作实行全过程指导，有效弥补 BT 项目承办人（总承包方）环保专业管理人员缺乏的问题。

高速公路建设落实环境管理的过程中，BT 项目承办人中除了总承包方承担主要的环境保护管理责任外，其下辖的分包人（施工单位）对公路项目建设过程中的相关环境保护工作的落实也起至关重要的作用，承担管理和具体落实的责任。因此，要求 BT 项目承办人中的施工单位必须建立一套以项目经理、总工为领导层，以工程和技术部门为核心落实层，以具体施工队伍和操作人员为现场实现层，高效的、执行力强的环境管理及实施的组织体系。

公路建设项目 BT 模式中，环境管理参与单位较多，通常按照相关权责规定完成相应的环境管理工作。

在环境保护管理中，BT 模式中的政府部门及其项目发起人接受并及时整改同级环保监督、水保监督管理机构在监督执法过程中指出的问题和提出的要求，但对于具体施工中的环境保护工作不进行监督管理，而主要通过环境监理完成。受BT模式项目发起人（业主）的委托，环境监理单位利用专业、技能和经验对 BT 项目承办人及其分项工程具体的技术服务工作单位开展现场监督，协助业主落实环境保护管理要求，指导施工全过程的环境保护工作。BT 模式下的项目承办人（总承包人）是整个项目建设中环境保护管理和落实的责任主体，因此需要与 BT 项目发起人、分包、监理等相关各方系统协作，承担公路建设环境保护的监督、反馈、指导等管理职责。总承包人通常需要通过咨询、监测等协作机构共同完成全过程环境保护管理工作。

海南中线高速公路的屯昌至琼中段即为典型的 BT 投融资项目，是海南省借鉴国际、国内先进经验，推进基础设施投融资体制改革的一项重大举措，标志着海南省高速公路项目投融资建设模式开始了全新的探索。屯昌至琼中高速公路建设主要采用了“BT+ 工程总承包”模式。工程建设中理顺了 BT 建设各方环境保护管理关系，项目发起人、项目承办人及项目参与各方应用本节提出的管理框架体系进行组织机构搭建和日常管理。

实践表明，公路 BT 模式下的环境保护管理框架体系在施工期全过程环境管理工作中得到有效应用，并在公路施工、植物保护、临时用地选址和恢复等方面取得较好的环境保护管理效果。

依托工程的现场实施和效果评价表明，BT 模式下环境保护管理中各单位间的协作关系进一步明确了各单位在 BT 项目建设过程中环境保护管理的权力和责任，有利于环境保护工作的开展，确保了具体公路建设项目实施过程的有效运行。

本节针对当前交通建设项目中典型的投融资模式——BT 模式下环境保护管理中存在的管理体系不清、管理责任不明等问题，系统阐述了 4 种细分 BT 模式项目环境管理的特点及其参与各方在项目建设过程中的环境保护管理要求，并重点针对 BT 工程总承包模式下的环境保护管理需求构建了施工期环境管理框架体系，明确了各参与管理的单位在施工期环境保护管理工作中应当承担的职责，理清了各单位间的协作关系。相关理论成果在海南省屯昌至琼中高速公路建设环境保护管理中得到应用和验证，理顺了项目环境保护管理的权责，提高了管理效率。

我国当前大量的交通建设项目开始引入 BT 投资模式，该研究对 BT 模式下加强公路建设项目环境保护管理工作具有参考价值。不过，针对具体项目管理的特点，可能会出现不同程度适用性方面的问题，因此，更为具体、完整的管理体系和职责划分将在后续研究和工程应用中进一步完善和优化。

第六节　信息技术在公路建设管理中的研究与应用

首先，公路建设实现网络信息在线操作符合公路建设庞大数据整理的需求。由于公路建设管理涉及的信息量非常广也非常烦琐，利用公路信息储备库的数字化整理和归集，实现有效调动公路建设信息，达到信息处理的高速度、高精确、高效率和实时性的管理标准。

其次，信息技术在公路建设管理工作中得以应用是公路建设中的各个环节管理的需要。通过信息技术实现对每个环节建设进度的信息收集和反馈，能够在线监测公路建设管理的各个项目数据，进一步提高了公路管理水平和效率。

再次，出于对公路施工建设和管理工作的需要，利用信息技术完成公路网络平台建设，对整个工程的成本和费用进行集约化处理，实现电子化管理和办公，有效减少了办公成本，并在一定程度使公路建设需要的材料成本、设备折旧以及人工成本都进行有效归集，不仅减少了公路建设管理的整体成本，更实现了信息的实时沟通，形成了规范化的公路建设管理体系。

为了进一步实现互联网与公路建设管理工作的紧密切合度，需要通过对道路分级的具体类别，进而实行相对应的信息技术应用。下面对公路建设的道路分级与技术标准进行简要阐述，为信息化技术的具体实施提供必要的前提基础。

各个公路在对行车速度的测量都会使各种汽车种类折合成小客车或者中型载重汽车的年平均日交通量来划分。针对公路的整体划分来说，公路性质是属于对外公路与场内主要道路、场内非主要道路，其中，对外公路和场内主要道路统称为专用公路。由于针对公路的交通运输衡量指标为年运量，专用公路的等级规划可以按年运量划分为一、二三个等级。针对不同分级的道路需要进行不同信息技术的整合与应用，实现自动化的程度和线上操作手段都不尽相同。

首先，确定一个准确的实施目标是实施公路建设管理的重要前提保障，目标的确立需公路建设管理的专业监理人员结合施工合同中工程具体的工程项目的开工日期、总工期以及竣工日期，同时针对具体的施工目标制定相应的进度规划。通过信息导向技术实现预期全程观测进行模型整合，对公路的整体建设目标实现宏观调控，并能通过网上连接实现在线对公路目标的具体确认及实施，力求让计划中的开工日期、短期目标日期和计划竣工日期都得到明确落实。

在施工项目的目标确定好之后，为了使整体得到计划的明确编制，利用信息监测技术对建设中的每个框架以及环节实现全天制的在线观测。利用BS构架系统对公路建设管理进行在线观测，能够有效准确地发现施工过程中的问题和漏洞，工程施工流动性增强，并且安全可靠，减少了人工勘查的工作量，保证了公路建设的安全。同时，也要综合考量多种因素，比如专用公路的原材料计划、重器机械设备计划、项目内部组织关系的管理计划等，从而建立完善的公路网络信息系统，录入所有相关因素数据，实现公路管理数据库的云操作。

综上所述，为了适应公路建设以及道路管理的交通运输特性，在保证公路建设质量以及实现有效管理为前提，利用现代化的信息技术实现对公路建设的有效控制和操作，对公路施工的进度、质量以及每个环节所需材料的把控都进行严格和有效监测，能够有效解决公路建设工期长、效率低、公路建设安全以及公路质量等多方面的问题。因此，在保障公路道路的高荷载性以及复杂的地理条件基础上，施行完善和详尽的公路建设措施以及管理控制的信息化方法与程序，从目标、计划、统计与报告这一系列进程进行有效控制，在提升公路建设管理效率的同时，更使公路建设能够合理保证规范性，实现具备现代化公路标准的公路建设。总而言之，公路建设信息化系统的构建，有利于信息技术与公路服务的统一化发展，能够更加精准达到预期公路工程效果和质量，从而进一步降低了公路建设成本，提高了公路管理效率。

一、计算机系统构建

（一）主干网络

主干网络包含市局局域网和与各个县区的交通管理机构衔接的广域网。对于市局局域网而言，为满足基本的通信需求，可使用主干千兆光纤，而百兆双绞线到桌面上的星形结构可使用具备一定交换功能的主机设备。局直单位和各个县区的交通管理机构同时构建基于百兆信息的计算机网络。市局局域网和各个县区的信息网络主要采用十兆光纤进行连接，以此组成一个系统的主干网络。全部共享信息都储存在相应的服务器当中。对于主干网计算机而言，在实际工作中可以根据实际要求，运用有效的措施完成全网信息共享；由于现阶段的带宽足够，所以可按要求开展视频会议等活动。

（二）互联网接入网络

互联网接入网络可以为互联网访问提供所有接口，创建地区交通网站。在主干网上得到授权的各级用户，可通过代理服务器和互联网相连。具有流动性特征的公路施工与监理单位可以采用最为常见的方式和互联网相连，如ADSL与拨号等，然后使用浏览器对交通网站进行访问。

在构建系统网络的前提下，持续对信息资源进行开发和利用，紧密结合web技术和数据库技术，进一步完善信息的交流平台，实现不同部门间的信息交流与共享。在互联网平台上对各个部门的所有业务进行集成、汇总，为决策提供可靠的支撑。

二、公路建设管理中信息技术的应用

（一）公路工程管理系统

1. 管理系统基本构架

该管理系统的构架设计主要使用 B/S 形式。在数据库服务器上设置系统应用程序及数据，用户端只能提供访问功能，后台上进行的程序处理与数据分析都在服务器中完成。系统开发环境为 ASP3.0，数据库为常见的 SQL Server，该技术应用成熟，具有很高的安全性与可靠性。通过对这一系统构架的采用，可使系统具备一定优势：①系统将更加切合实际，运行高效，便于调整；②数据方面的安全性大幅提升，系统因此具备极强的可维护性能；③人机交互和操作界面十分友好，便于用户操作和访问；④系统升级简单快速，由于用户端上不存在任何应用程序，仅仅是借助浏览器完成操作，所以在系统升级过程中，只需升级服务器一端，不用对用户端进行过多考虑，升级步骤简单。

2. 系统功能

公路工程管理系统主要具备以下功能：①网上办公。系统主要功能模块有：招投标、建设进度加护、质量检查、计量支付、工程设计变更与交付竣工资料等。根据工程的实际情况与要求，对用户的性质进行划分。以一个需要由不同用户进行填报的表格为例，它通常要经历一系列复杂流程。而在应用工程管理系统以后，可在网络上完成各个工作流程，解决了不同用户实际办公地点不同的困难，有效提升实际工作效率。②数据统计和分析处理，为上级管理层决策提供必要的数据依据。系统自带项目数据收集功能，可借助系统中的数据处理模块对收集到的数据实施处理，从而为上级管理层做出正确决策奠定良好基础。③向社会大众如实发布项目信息，促成社会监督。

（二）公路工程地理信息管理系统

地理信息系统 (Geographical Information System，GIS)，是近几年得到快速发展和应用的信息技术，综合了多个学科的研究成果，是将地理空间数据处理作为核心的计算机系统。它将复杂的地理信息传输至计算机，使用相应的软件将地理信息保存在地图与其相关联的位置上，以此紧密结合数据和地理信息，对数据进行可视化处理，为数据管理提供便利，并通过人机交互等为决策提供服务。地理信息系统主要将图形图像、模型分析与属性数据管理等作为基础，对所有空间信息实施收集、保存和分析，可视化处理所有存在一定空间特点的地理信息，为这些信息的直接使用者提供更加简单的表现方式，同时它还具有分析处理能力。由于公路工程信息本身就具有一定空间特性，所以地理信息系统十分适用，是提供公路建设现代化管理水平的重要举措。在构建公路工程地理信息管理系统的过程中，需要充分结合当前公路管理的实际情况，运用成熟的图形处理技术与数据库技术，确保属性数据和地理信息数据等有效结合，以此完成数据的可视化处理。

（三）施工技术咨询专家系统

公路建设所用施工技术众多，现以常用的沥青路面施工技术为例，对其咨询专家系统进行分析。沥青路面凭借其显著的优势与特点在当前的公路工程十分常用，然而由于在具体的施工进程中受到各类因素的影响，容易产生很多技术难题，对路面施工质量及工后使用性能造成严重影响。针对这一实际问题，可采取现场会议等形式，组织相关专家对问题进行分析研究，提出可行处理措施，确保施工进度与质量。

该专家系统可以针对沥青路面施工中存在的问题，在剖析技术特征的前提下，采用专家系统技术，提出诊断推理策略；根据所提知识表达形式选择原则，确立知识储存结构，开发出包含不同知识种类，并且将关系数据库作为基础的专家知识库；再运用将可信度理论作为核心的推理手段搭建系统主推理功能模块，同时结合施工特点，改进传统的模糊推理，新建过滤时推理等模型；将 Windows 作为系统软件的开发平台，运用基于结构化、模块化的设计手段，研发出简单适用、高效稳定的专家系统——APCESV1.0。通过对这一系统的研发与应用，可以实现道路施工网络化及实用化目标。

通过以上分析得知，在公路建设管理中合理应用信息技术，不仅是当前交通事业不断发展的必然趋势，还是有效提升公路建设管理水平、实现预期管理目标的重要举措。然而，从整体上看，在公路建设管理过程中，应用信息技术是一个长久的进程，无论是外部环境因素的影响，还是企业自身发展，都会对公路建设信息管理提出全新要求。因此，公路建设的信息管理需要在实际应用中进行不断的优化和完善。

第七节　移动视频监控在公路施工安全管理中的应用

截至 2015 年年底，全国投入运营的高速公路里程达到 12.35 万千米，随着已开通的高速公路运营年限的增长，各种病害也越来越多，高速公路需要进行的各类养护工程也逐年增加，养护工程施工的现场管理、人员管理及安全生产管理的难度越来越大，因此通过视频监控技术对施工现场进行可视化、形象化的实时监控具有积极的意义。传统的视频光纤传输技术很难解决养护工程施工地域广、地理情况复杂以及监控点经常变动等问题。随着计算机技术、视频采集技术以及无线通信技术的飞速发展，利用基于 4G 技术的移动视频监控系统技术可较好地帮助高速公路运营单位施工管理人员对施工现场进行管理，提高安全生产管理水平，减少高速公路养护施工中的经济损失和人员伤亡事故。

目前高速公路视频监控系统主要采用光纤及同轴电缆等有线传输方式实现图像及语音等信号的传输，有线传输技术虽然具有传输信号稳定等优点，但对于高速公路养护施工现场点多、线长、面广等特点，现有的高速公路视频监控系统存在一些不足之处。

受摄像机自身性能及安装路段及位置的影响（弯道及遮挡等）以及高速施工位置的不

确定性，现有的视频监控系统很难及时对施工现场进行有效监控。

设备长期在恶劣的外场环境中运行，故障率较高，同时供电及传输线路容易被人为偷盗及破坏，维护难度较大。

在监控盲区增加监控点时，需要购买新设备、建设新的基础和立柱、铺设新的传输及供电线路，需要投入大量的人力及资金。

针对现有高速公路视频监控系统存在的以上不足，为实现对高速公路运营中养护施工现场进行有效监控，必须进一步完善现有的监控系统，引进基于4G技术的移动视频监控系统，能够作为现有高速公路视频监控系统的有效补充。

基于4G技术的移动视频监控系统结构主要由视频采集终端、4G LTE传输网络以及视频监控管理平台三部分组成。视频采集终端主要是以高清数字网络IP摄像机等前端设备对施工现场的图像数据进行采集、编码及压缩。前端设备采集的数据通过前端设备内部集成的4G模块及4G LTE传输网络实现与后台的数据有效传输。视频监控管理平台可对前端采集并上传的数据进行存储及处理分析，可实现对施工现场实时监控、录像回放、网络及日志管理、本地配置等功能。

4G LTE技术：4G LTE(The Fourth-generation Long Term Evolution)，是TD-LTE等LTE网络制式的统称。它具有以下几个优势：

（1）传输速度快。4G移动通信系统传输速率可达到20 Mbps，甚至最高可以达到100 Mbps，这一显著优势使移动视频监控系统的传输速率不再是障碍。

（2）通信灵活。4G通信使人们可以随时随地通信，也可以双向下载传递资料、图画、影像，这种灵活性可以实现监控视频图像的实时传输功能。

（3）兼容性好。4G移动通信系统具有接口开放、能和多种网络互联、终端多样化等特点，可实现与移动监控管理平台设备及前端监控设备之间的通信联通。

此外，4G LTE技术还具有频谱宽、通信质量高、使用成本低等优点，因此可以为移动视频监控系统提高稳定的通信保障。

监控平台软件设计主要有监控中心及移动终端客户端设计，可实现对施工现场视频实时监控、录像回放、网络及日志管理、权限控制、本地配置等功能。

监控人员使用监控中心客户端对施工现场进行实时监控，客户端应实现多画面同时监控功能，利用多窗口对不同施工地点监控画面进行实时显示，方便监控人员对各监控点的监控，同时客户端可实现监控视频的回放和抓拍功能，对施工现场的视频监控资料进行调用。

移动终端客户端主要是提供给高速公路运营单位管理者在智能手机等移动终端上使用，需要具备实时浏览各监控点图像的功能，以便管理人员及时对施工现场进行检查，方便对施工现场的管理。

基于4G技术的移动视频监控系统在高速公路运营中养护施工管理中发挥的作用，主要有以下几个方面：

（1）施工现场人员管理：应用移动终端的客户端，管理人员可随时检查监督施工现场人员的作业情况，监督现场人员是否做好安全防护措施，进一步提升施工现场管理水平。

（2）施工现场设备及材料管理：由于高速公路施工现场大部分在野外作业，材料及设备的进场、搬运及存储保管工作监督难度较大，应用4G移动视频监控系统可以对这些环节进行有效的监督管理，同时可一定程度上防止偷盗事件的发生。

（3）隧道、桥梁等公路设施管理：应用4G移动视频监控系统可对高速公路隧道、桥梁进行病害监测，对有可能出现的病害进行提前预警，防止重大事故的发生。

4G移动视频监控系统相比现有的视频监控系统，具有建设周期短、灵活性强、不需要线缆敷设等优势，虽然目前移动通信信号覆盖也存在部分盲区，但随着我国移动通信行业的飞速发展，4G移动通信信号覆盖盲区越来越小，同时4G移动视频监控系统在高速公路养护施工过程中，能起到实时监控和预警作用，可有效提高施工管理水平，减少工程施工事故发生概率，因此值得高速公路运营单位引进应用。此外，随着今后高速公路的发展，可进一步引进高程监测、位移监测等传感器，结合移动视频监控集成综合应用系统，对隧道、桥梁等公路设施进行监控，进一步提高监测的应用范围和效果。

第六章　公路工程科学化施工管理

第一节　公路工程施工监理研究

工程监理制度是公路工程建设中一项科学、有效的管理措施，它保证了工程建设的法制化、规范化和程序化。目前的公路建设市场庞大，监理队伍中存在鱼目混珠、不规范监理等现象，个别监理工作者素质不高、业务不精，监理队伍与目前建设市场不适应。

一、严格审图

工程设计图是工程施工的依据，也是监理的法定文件。设计图不可避免会出现一些疏漏或问题，认真进行图纸审阅，尽量减少设计失误，使图纸中的问题及疑难之处在设计技术交底中协商解决，从而有利于控制投资、进度和质量。审阅图纸的步骤应先进行粗略的初审，对工程的轮廓和难易程度有大致了解，然后从总平面图起详细审查。

二、编制监理细则与监理交底

监理细则是在监理投标文件的基础上，根据已签订的监理委托合同所确定的工作范围，在经过严格审查设计图纸后，完全了解本工程情况和特点而编制的监理工作实施计划，它是使监理工作得以实现科学化、规范化、标准化的具体操作的指导文件。监理细则的内容一般分总则和实施细则两部分。总则主要叙述本工程概况，监理的依据和要求标准，监理的内容、方法和目标，工程变更的程序，参加本工程监理的人员状况及监理职责，监理的工作会议安排等。细则部分是结合本工程内容、特点而撰写的各道工序在施工中监理的具体要求；叙述各工序的监理流程，原材料、成品、半成品的监理检查要求，监理对工程竣工资料和质量保证资料的核查要求，监理对工程的安全生产、文明施工方面的检查内容和要求，监理计量签证的方法步骤，缺陷责任期间的监理检查方法等。

三、审查施工组织设计

施工组织设计是施工单位根据施工合同和设计文件、设计技术交底及施工现场情况，按照有关施工技术规范、质量要求标准，安全生产规定等要求而编写的科学的施工综合性指导文件。

监理对施工组织设计的主要审查有下面几项。

（1）施工进度计划是否符合施工合同要求，结合施工现场情况和拟提供的进场设备，进度计划是否切实可行，根据进度计划和施工网络图，各分项进度是否充分考虑气候等外界自然因素，如雨季、潮汛、冬季低温、开放交通影响等。

（2）施工方案是否合理，如进、出场便道、便桥架设，深挖方支撑，大梁安装的吊装方案，连续箱梁吊篮施工的平衡问题等。

（3）施工管理体系和质量保证体系是否严密有序，因为足够的施工技术管理力量和质保网络是有效地完成工程和确保工程质量的主体，监理在审查人员设置的同时，要注重其管理体制和管理方法，如明确的职责、任务、权限，有无开展质量保证活动的具体要求等。

（4）安全生产、文明施工措施。有无施工机具设备定期检修制度，有无安全生产管理制度，包括水上作业、高空作业、特殊工种的特殊要求。

四、工序质量监控

工序质量监控分三个阶段。第一阶段是施工前的预控。监理工程须复核施工放样，检查原材料，检查施工设备、施工方案中有无防止发生质量通病的措施等。以砼道路施工为例，监理工程师应检查放样数据，检查空仓内有无不合规定标高的部位，检查水泥、黄沙、碎石是否符合规定要求，拌和、运送、浇筑砼的设备是否齐全、完好，控制平整度的措施，胀缝设置方法，下雨的对策等。第二阶段是过程控制，主要是现场跟踪旁站监理，检查是否按施工技术操作规范实施，发现问题，随时进行纠正处理。仍以砼道路施工为例，监理检查砼搅拌机的进料是否按规定配合比和水灰比，砼振捣、真空吸水、磨平是否符合要求，建筑缝、胀缝施工是否正确，砼试块是否按规定制作，表面刻纹是否达到规定要求以及养生措施等。第三阶段是事后检查签字确认。

五、施工档案资料检查

施工档案资料是施工阶段收集汇总的各类文、录、表、单、图等，这些资料是施工建设活动的真实记录，是全面鉴定工程质量和工程使用、维修的重要依据。施工阶段是档案资料形成、积累的关键阶段。

公路工程的施工档案资料由竣工技术档案资料和竣工工程质量保证资料两部分组成，资料的完成应与工程进展同步。监理工程师经常检查施工单位收集、记录的资料，对工程质量的真实可靠性起到关键的保证作用。监理工程师自身应按规定，及时完成各类监理资料，在每次检查施工单位资料时进行核对，以便发现错误，及时处理，不致影响工程的质量和进度。

六、安全监控

安全生产是确保工程建设的重要因素，控制投资、质量、进度的前提是控制安全。公路工程施工中，现场条件差，露天作业，人机交叉施工，难度大、不安全因素多，安全监理就更显重要。安全监理是指对工程中的人、机、环境及施工全过程进行预测、评价、监控和督察，通过行政、技术等手段，促使其建设行为符合规范、标准，制止冒险性、盲目性、随意性，以预防为主，有效地控制工程安全。

施工现场的各项安全工作应由施工单位负责，监理工程师的主要工作有以下几个方面。

（1）检查施工单位安全管理状况。检查安全生产管理制度，包括管理网络，生产责任制，三级教育制度，施工组织设计中制订的安全生产措施，专项安全施工方案，安全技术交底制度，安全自查记录，以及检查现场各种施工安全标志。

（2）检查现场施工机具。检查起重吊装设备，各种机具是否符合相应的安全技术规范和标准，运行是否正常、有无无证操作等。

（3）检查施工用电安全状况。检查与高压线的有效距离、检查支线架设、现场照明设施、接地接零、漏电保护和地下管线保护等。

（4）检查高空、水上和沟槽作业的安全状况。检查脚手架、临边保护、安全带、安全网、水上救生设施、沟槽两侧支撑以及安全护栏等。

监理工作只有做到严格监理、监帮结合、秉公执法、妥善协调，注重事前监控，不当事后裁判，就一定能够使工程投资合理，工期得到保证，避免质量和安全事故，保证工程圆满竣工。

第二节　施工企业安全管理现状分析及改进建议

铁路、公路等施工企业安全管理一般采用立制度、抓管理、重教育、保经费等一系列措施，使人的不安全行为和物的不安全状态得到消除，确保施工过程中不出现安全事故，实现工程经济和安全效益目标。但我国施工企业安全生产管理层次多样、管理内容繁多、人员构成复杂，很多施工企业面临很想抓安全，又无从下手的窘境。

施工企业作为生产经营单位，是一个复杂的人—机—环境系统，由从业人员、机械设备、作业环境等元素组成，各个元素和影响因子共同构成一个有机整体。施工企业的安全管理应围绕这几个环节，从安全生产条件、安全生产责任、安全监督检查、安全经费使用、安全人员管理、评价与考核制度、事故与应急管理、重大危险源管理制度、安全档案管理制度等入手。安全管理部门负责制定并执行相关制度文件。

目前我国施工企业大部分按照 4 个层次进行管理，即公司总部为经营决策层，分公司为执行层，项目经理部为施工管理层，劳务队伍为施工作业层。总公司与分公司、分公司与项目经理部之间责、权、利关系界定不清，“以包代管”“以奖代管”和“包盈不包亏”的现象普遍。

由于目前施工企业经营体制的改革，管理层和经营层分离、总分包制度渐行，导致管理层次增多。我国施工企业大致有集团公司直管项目、子分公司直管项目、三级公司直管项目、集团公司与子分公司合管项目、公司与外部协作管理项目 5 种基本管理模式，各种模式都具有一定的优势和劣势。

目前，大多数施工企业的项目安全管理是层次管理，分为总公司级别、分公司级别和项目部级别，各级别都配备专职安全管理人员。但现实中，各级别都存在安全管理人员管理职位较其他人员的等同或较低现象。

劳务队伍作为施工作业层，是安全管理的主要对象。目前，劳务队伍中的施工人员多为刚放下农具的农民工，学历较低、专业技能较低、从业经验不足、安全意识淡薄。某些劳务公司与项目所在总公司有千丝万缕的联系，因此分公司级别管理较为困难。

按国家规定，施工现场一般都配有安全员，但现场的安全员多为技术职称较低的员工，或应届毕业生，他们精力或经验都十分有限，对现场安全问题不能及时辨识。

企业第一把手作为安全第一责任人，要充分认识安全生产的责任感和使命感，思想认识上做到警钟长鸣，并将安全责任逐层分解、逐级传递，切实将安全责任落实到每个环节、每个岗位，落实“一岗双责”，同时充分赋予专职安全管理人员的话语权和监督权。

项目要建立安全生产奖惩制度，根据各部门、各岗位安全职责建立考核制度，每年对各部门、岗位的安全职责的履职情况进行考核，奖优罚劣。对安全工作作出突出贡献的，在进行奖励的同时，考虑晋职、加薪等。

项目管理层需要对安全问题有充分认识和高度重视。因此，项目各级管理人员首先要熟悉工程安全知识。其次要对参与过项目的整体安全负责。最后，为保证管理者的安全管理知识能与时俱进，需参加公司或相关部门组织的安全生产教育培训。

针对安全员的工作特点，建议对现场安全员管理采用“严格录用、垂直管理”的原则，对施工现场安全隐患检查采用“分级上报”的原则。

即提高安全员学历层次、经验水平和知识构成。首先，把了解工程建设专业知识列为录用安全员的基本条件；其次，安全管理部门工作人员的知识构成应包括工程建设相关专业和安全工程相关专业；最后，安全管理工作应由经验丰富的老员工带头。

为保证分公司和总公司安全管理部门能更好地了解施工现场的安全情况，及时掌握施工现场安全隐患，建议对施工现场安全管理员实施公司委派制，并由总公司安监部直接管理。安全员认真履行监督检查的职能，对重大隐患，项目如不整改或整改不彻底，可直接向公司汇报。

按规定，安全员需每日进行安全检查，并将检查结果记入安全日志。在保证安全员知识丰富、经验水平提高、责任心提升的前提下，为确保安全员检查的结果能及时上传至分公司或总公司，建议采用“分级上报”制度。即按照可能发生的事故类型、伤亡人数、经济损失、工期延误等，将安全隐患分为 4 个等级。四级安全隐患建议由施工队处理，三级安全隐患建议由项目经理部出面解决，二级安全隐患建议上报分公司安全管理部门，一级安全隐患建议及时通知总公司安全管理部门。

当前，我国安全生产形势依然十分严峻，党中央、国务院对安全生产高度重视，党和国家领导对当前安全生产多次作出批示和要求，提出牢固树立安全生产“红线”意识和“党政同责、一岗双责、齐抓共管”的总体要求。各施工企业应该从自身实际出发，强化安全生产主体责任意识，不断创新安全监管模式，并将安全责任逐级分解到项目现场各个环节、各个岗位和个人，确保本企业安全生产形势的持续稳定发展，以促进全国安全生产形势的根本好转。

第三节　信息化环境下公路档案管理研究

公路档案完整地记录了公路建设过程中涉及的文字、图表以及重要的声像内容等，同时公路档案也记录了我国公路建设进程的历史变化，具有一定的历史意义。除此之外，公路档案也是对建设道路进行有效保养与监督维修的重要依据。随着我国现代化进程的不断加快，公路档案的管理工作也逐渐顺应信息化时代的发展，全面实现公路档案的信息化管理，进一步强化了档案的收集与保存。

随着我国经济建设水平与科学技术建设水平的不断发展，相应的办公自动化与无纸化的管理方式也逐渐被应用于日常的管理工作中，并且在此发展基础上，我国的档案管理工作也发生了相应的改变。公路档案管理的文件一般是以机读文件的形式存在，工作人员需要对这些文件提供大量的电脑储存空间，以将这些文件进行分类存放，并且工作人员可以根据文件管理信息的综合系统，详细地去读取需要查阅的文件。然而在实际公路档案的管理工作中，工作人员采用的管理方法比较落后，在管理档案的时候还是比较重视纸质的档案，缺乏对档案进行信息化管理的意识。传统的纸质档案不便于保存，随着时间的推移，纸质也会泛黄，不利于读取文件的重要信息。除此之外，档案管理人员的职业素质水平也不是很高，在工作中会存在不规范管理、流于形式等职业素质不高的现象。

公路档案的信息化管理是指建立公路档案的数据信息库，在一定程度上可以有效实现公路档案信息资源共享的目的，并且可以进一步提升工作人员的管理效率。通过利用现代化的信息化建设手段，实现科技手段与管理手段地来回转化。公路档案对于公路建设的发展而言，具有提供信息服务的作用，可以有效地推动公路建设进程的发展，同时公路建设工程也可以根据以往的建设档案进行相应的强化分析，不断完善公路建设的发展水平。档案的信息化管理可以很好地实现推动公路建设事业发展的目标，工作人员通过对档案进行信息化管理，有利于对档案资料实行收集、储存以及使用的工作，利用计算机可以增加公路档案的储存量，进一步拓宽档案工作的服务领域，实现强化公路建设发展水平的目标。因此，工作人员通过实现公路档案的信息化管理，从一定程度上来说，对提升公路建设的发展水平具有非常重要的影响。

强化公路档案信息化管理意识。公路建设部门和相关的档案管理人员应该转换传统的管理理念，应该适当地迎合现代化的管理理念，加强对公路档案的信息化管理手段，为此相关的管理人员应该强化工作人员对公路档案信息化管理的意识。公路管理部门应该利用一切手段，宣传信息化档案管理的重要性以及必要性，可以开展相应的会议，进一步强化档案管理人员的工作意识，强化管理人员对于信息化档案管理工作的重视程度。

强化公路档案信息库的建设水平。为了更好地强化公路档案信息化管理水平，工作人员必须对实现档案信息数字化的工作予以一定程度的重视。首先，工作人员应该摒弃传统纸质档案记录的管理方式，利用电子存档的方式保存公路建设档案。电子存档解决了纸张浪费的问题以及查阅麻烦的问题，有效提高了档案管理人员的工作效率。在利用电子存档管理方式的基础上，工作人员应该全面建设公路档案的信息库，满足档案信息资源的需求，可以对档案信息资源进行及时的补充与更新工作，进一步完善工作人员对公路档案的接收与整理工作。

强化公路档案的管理机制。在信息化档案管理的建设工作中，工作人员要注重档案管理机制的管理水平，应该及时完善并且严格遵守管理机制的规章制度，进一步提升信息化管理的可靠性与便利性。公路档案的管理部门可以在遵循《档案文件整理规则》的基础上，对其规章内容进行进一步的完善，做好提升公路档案管理机制水平的优化工作。除此之外，对于档案资料的接收工作、编目工作以及电子文档的录入工作等，都应该进行严格的制定，可以适当地建立赏罚分明的工作制度，进一步强化公路档案管理机制的管理内容。

总而言之，我国公路建设对于档案管理的需求越来越严格，可以说实现公路档案全面信息化管理的工作已经成为当前公路建设工程首要开展的工作，为此工作人员应该及时强化档案信息化建设的工作力度，促使我国档案管理水平进入一个全新的管理阶段。

信息化时代的到来给档案管理工作提出更高的要求，同时也给档案管理工作带来发展机遇，档案管理在一定程度上决定着发展方向。尤其公路档案管理工作，在经济推动下，公路工程建设遍布全国各地，公路信息的复杂性和结构的复杂性，原有的档案管理工作已经无法满足工作需要。信息化环境下，公路档案管理必须进行创新，实现档案管理的信息化建设，从而提高公路档案管理工作效率和工作质量。

管理工作缺乏规划性。公路档案管理工作起步比较晚，所以缺乏相关工作经验，加上缺乏完善的管理制度，在实际操作中容易给工作增加难度。信息化环境下，档案信息利用率不高，在利用过程中也存在一定问题。由于缺乏管理，不同时期出现的不同类型档案信息兼容性不高，无法有效实现信息的良好衔接，从而造成重要数据信息的流失。

档案管理中缺乏系统的数据库信息。信息化时代的到来，要求实现信息化管理，在对数据信息搜集和管理中实现高效利用。但是从当前的管理状况看，信息利用程度不高，传递不及时，没有全面实现信息共享，传统的纸质档案资料转化为数字化资料不充分，造成数据库信息资料匮乏。当使用者对相关信息进行搜索时，很难找到自己需要的资料，这些问题的存在，一方面是因为硬件设施导致数据信息存储不及时，另一方面是因为档案资料收集和整理效率比较低，转化为数字化信息能力比较差，导致档案信息不够完善。

缺乏专业的管理人员。当前的档案管理人员对先进的档案管理技术缺乏了解，没有意识到档案信息实现信息化管理的重要性，档案管理专业能力相对匮乏。另外从事公路档案管理的工作人员流动性比较大，并且在选择档案管理人员时缺乏对专业性的考察，对档案管理工作不够重视，导致公路档案管理数据更新不及时，降低工作效率，阻碍档案管理信息化进程。

建立健全的公路档案管理制度。信息化时代下，公路档案管理工作必须顺应时代发展趋势，建立完善的管理制度并严格执行，从而提高公路档案管理工作效率，实现信息化建设。完善的档案管理制度应当包含管理流程和管理方式，同时确保制度严格实施，所以公路档案管理部门可以建立完善的管理机制，从而优化档案管理工作。信息化的到来推动档案管理管理工作实现数字化管理，对已经实现存档的档案信息加强重视，保证档案资料的安全、完整。档案制度中必须包含奖惩机制，主要是加强对工作人员的管理和监督，对档案管理工作中信息采集、整理、归档等行为进行规范，提高档案管理部门的形象。同时还要督促工作人员加强对管理制度的学习，对制度中存在的问题进行优化，从而实现良好管理，推动公路档案信息化管理的实现。

引进专业的档案管理人才。公路档案管理工作中缺乏专业的档案管理人员，导致管理工作效率不高，从而对整个公路建设工作带来一定影响。信息化环境下，公路档案实现信息化已经成为必然趋势，所以相关部门必须加强重视，引进专业的管理人员，提高管理效率。在选择公路档案管理工作人员时，加强对其专业性考察。同时对现有的专业人员应当加强培训，在掌握传统的档案管理模式的基础上，加强对信息化管理的重视，并组织管理人员积极学习信息化技术，熟练掌握现代化档案管理设备。档案管理人员是提高工作效率的重要条件，必须加强对管理人员的培训和考察工作。

建立公路档案信息库。公路档案要想实现高效管理必须实现信息化建设，必须针对管理特点进行数字化改革和建设，加强对原有的纸质档案的转化工作，并建立统一的公路档案信息库，实现对档案的集中管理。这一措施不仅有效解决了纸质档案储存空间问题，而且还能实现档案管理部门对数据信息的查找和利用，帮助使用者做出正确决策，提高档案利用率，实现档案资料的实效性。信息化环境下，需要档案管理部门充分利用计算机技术和网络技术，在保证档案信息的安全基础上，实现档案资源共享。建立公路档案信息库，有效拓宽信息获取渠道，完善档案管理工作方法和管理模式，提高工作效率。

在社会发展新时期，公路工程建设得到快速发展，为促进公路事业进一步发展，加强公路档案管理工作是必然选择。信息化环境下对公路档案管理工作提出新的挑战，实现档案管理信息化建设对公路工程规划和建设提供重要参考数据。公路档案管理工作起步比较晚，并长期不受重视，在新的发展阶段，必须认识到公路档案管理工作的重要性。针对档案管理工作中存在问题，进行综合分析，在不破坏档案资料完整性的基础上，规范档案管理流程，实现信息化管理，从而促进我国公路建设事业的快速发展。

第四节 虚拟动态管理方法在公路工程施工中的应用

公路工程施工涉及桥梁工程、道路工程、管网综合、绿化、照明、交安等多工种、多专业工程，协同、平行、立体交叉作业多，容易受各种因素的干扰，使得施工及项目管理具有复杂系统的特点。目前公路工程施工管理的科学化、信息化和规范化程度还不高，各种数据、信息基本是以图表、报表等纸质或二维软件作为媒介展现出来，这样就很难把施工项目的具体位置与实际的工程直观地联系起来。公路工程项目从最初的图纸设计、工程施工再到竣工验收、运行管理，每个环节都会牵扯到各种各样的数据，而对工程良好的管理，需要各个管理层及时掌握和综合运用这些不断变化的数据，既能对公路工程的施工过程发挥重要作用，也能为正在发展的公路工程网络信息化管理打下良好的基础。

本节拟以石家庄石环辅道工程建设为研究对象，通过运用虚拟动态等管理技术进行研究，对工程施工工期、成本、质量、安全、环保等，进行虚拟动态优化管理技术的综合系统研究，实现施工管理的科学化、信息化和规范化，从而有效地提升项目施工管理的效率、效益和水平。

公路工程施工虚拟动态管理技术是指将虚拟现实技术和全面动态优化管理技术方法集成应用，综合运用虚拟技术 VR（virtual Reality）、BP 神经网络、灰色关联理论，显著性理论 CS（Cost — significant）、已获价值理论 EVM、网络计划技术等虚拟优化技术对施工全过程进行计算机三维立体可视化虚拟动态施工管理。使项目的管理者能够对项目的进展情况进行可视化监控，及时对工程目标的完成情况进行总结，针对施工管理产生的问题提出解决对策，并对下一阶段要进行的工作提出预控措施，如此循环往复，从而大大提升公路工程施工管理效率和水平。具体模型建立过程为：

在工程施工前，依据工程施工中各个工序的特点，结合大量技术、管理方面的数据资料，建立施工中各工序静态优化管理系统。

确定工期、成本、质量、安全和环保目标控制体系。由项目骨干力量，根据该工程的数据资料制定五控总目标和分目标体系。

工期的目标确定及优化主要是运用网络计划技术的计划阶段来对工期进行计划，计算出计划工期，找出关键线路。首先，确定工作计划中所涉及的全部工作，列出各个工作间的先后顺序和相互关系。其次，估计每项工作在正常情况下所需的时间。在缺乏企业施工定额，并拥有大量以往类似公路工程施工资料数据基础上，运用 BPNN 模型估算各工序的工作时间消耗；在拥有少量以往类似公路工程施工资料数据基础上，运用 GM（1，1）模型等非线性数学方法估算各工序的工作时间消耗。最后，依据工作间相互关系绘制网络图，并将计算出的各个工序时间与日历天数相结合，找出关键路线，确定工期目标。

运用“显著性成本CS”思想（既占项目总造价80%左右的显著性成本项目在数量上仅占工程总数量的20%左右）和“均值理论”，优化确定工程成本目标。在各工序工期、成本目标优化确定基础上，确定整个项目工期、成本、质量、安全、环保总目标。

确定重点控制工序。通过对项目工期、成本目标的优化，可以确定出该项目的关键显著性工序，即关键路线上的项目和显著性项目。并以此作为整个项目工期成本控制的重点。关键显著性项目既可以保证项目工期的顺利实现，又可以保证造价控制的准确性。

建立问题原因和对策数据资料库。在工程施工前由项目管理人员收集已完类似工程的工程数据，对其产生的问题原因和解决对策进行总结和归纳，建立相应的问题原因、对策数据资料库，为施工过程中快速准确地纠正偏差打下坚实的基础，当遇到新的问题时，管理者可以根据新问题制定的新对策不断完善到数据资料库中，这样不断循环以提高项目管理能力，增强竞争力。

在施工过程中，管理者需要适时统计和收集已完工程数据资料，及时处理施工过程中产生的问题，并对下一阶段施工进行优化安排，对可能出现的问题进行预测，制定相应预控措施，动态地实现对施工过程的控制，尽可能将施工隐患消灭在萌芽状态，以达到保证工期、降低成本、优化管理最佳状态，由此建立工程施工虚拟动态优化管理系统如下：

根据工程的规模、施工工艺的难易程度以及施工单位的管理水平来决定控制周期，制定循环周期，定期对工程进行数据收集。

建立动态施工过程统计分析系统。建立工期成本动态已获价值（EVM）统计系统。该系统主要是通过已获价值理论来监控关键路线上的项目和显著性成本项目并进行PDCA循环控制。及时动态统计已完工程实际成本ACWP、已完工程预算成本BCWP、计划工程预算成本BCWS、进度差SV、造价差CV指标情况，并与静态优化施工技术指标比较，计算节超情况。

用已获价值法进行三大目标的综合分析控制主要有三个基本参数，即计划工作量预算费用（BCWS）、已完成工作量的实际费用（ACWP）、已完成工作量的预算成本（BCWP），两个偏差指标即进度偏差（Schedule Variance，SV）、造价偏差（Cost Variance，CV）和两个绩效指标进度绩效指数（Schedule Performance Index，SPI）、造价绩效指数（Cost Performance Index，CPI）[10－11]。已获价值管理可以在项目某一特定时间点上，通过三个指标之间相互对比，得到有关计划实施的进度和费用偏差，判断项目预算和进度计划的执行情况，获取项目三大目标实现情况，因而可以从范围、时间、成本三项目标上评价项目所处的状态。

针对已获价值（EVM）统计系统的数据，重点分析施工过程中工期和成本出现的问题，从问题原因、对策数据资料库中找出解决对策，争取在下一个循环周期内缩小与目标的差距；当所遇问题不包含在数据资料库时，则要及时分析此种新问题产生的原因，制定新对策，并丰富到数据库中，从而为今后的管理工作提供依据。

在施工过程各个阶段，不断循环以上优化程序，使施工管理始终处于工期、成本、质量、劳动组织、资源配备优化状态，并运用计算机虚拟管理技术软件为管理者提供最佳指挥平台，使各种管理优化方案能够在计算机上直观形象显示，为领导正确决策提供先进的决策平台。

本节以石环辅道工程方台桥施工项目为研究对象，尝试对方台桥施工全过程开发和应用虚拟动态优化管理方法，以达到不断提升公路建设项目施工管理水平和经济社会效益的目的。

石环公路辅道工程主体分为西、南、东环三个部分，西环、东环辅道按规划实施，南环辅道一次规划，分期建设。工程起点为北环辅道终点，终点为开发区湘江道，与 307 东互通辅道衔接。多工种、多专业工程相互协同、交叉、平行、立体作业多、干扰大，施工管理复杂、难度大。西环辅道沿石环公路东侧布设，起点位于北环辅道终点，终点位于西良政，全长 16.3 km。其中旧路加宽段 2.8 km；新建段 13.5 km，按规划 24 m 宽路基建设，双向 4 车道，主辅路间绿化带 10 m。设计标准：城市次干路及三级公路。设计时速为 40 km，实际采用荷载等级为公路一级，高等级路面。方台大桥为石家庄三环辅道南水北调干渠的一座大桥，全长 199 m 本桥预应力系统采用体内、体外索相结合的方法，以改善结构的受力状况。桥面铺装 10 cm 沥青混凝土＋ 6 cmC50 防水混凝土，桥墩采用梁固结，桥台采用 GPZ2.0DX 支座，纵横向必须平置。

运用网络计划技术绘制施工网络图，计算计划工期，找出关键线路；估计每项工作在正常情况下所需的时间。首先以公路工程中桥梁施工的钻孔灌注桩工时消耗为例运用 BPNN 模型进行估算：①工程特征因素的选取和定量化描述：本模型选取的特征因素为土质类别、桩径大小、钻孔深度、砼坍落度、砼强度、钻机类型，并进行量化；②建立工时消耗估算模型进行预测分析；③进行结果分析，用收敛后的 BP 网络对数据进行预测，以均值作为最终预测值，并与实际值进行比较。其次，由于本项目中钢箱梁的制作只有少量的历史数据可以借鉴，所以应用 GM(1，1) 灰色模型进行估算。其他各个工作技术都比较成熟，用定额便可以很好地估计出工作时间。

运用显著性理论和均值理论确定工程成本目标。该桥梁工程用于计算显著性项目成本的总预算成本为 2188.3 万元，工序数量 32，得出工序平均预算成本 68.38 万元。用各工序预算成本分别除以平均工序预算成本，找出比值大于 1 的工序，共 8 项，分别是 0 # ～ 4 # 钻孔灌注桩、0 # ～ 4 # 盖梁施工。将比值大于 1 的工序的预算成本相加，算出该八项工序占所有施工工序数和工序总预算成本的比值分别为 25% 和 77%，满足 CS 显著性成本理论，不需要二次平均。

最终确定出的关键显著性工序为：0 # ～ 3 # 钻孔灌注桩、0 # ～ 4 # 盖梁施工、0 # 桩二次开挖、承台施工、0 # 承台砼养生及拆模、0 # ～ 3 # 桥台施工、3 # 桥台盖梁养护、梁体安装、伸缩缝、桥面铺装、防撞护栏。

在各工序工期、成本目标优化确定基础上，确定整个项目工期、成本、质量、安全、环保总目标。

（1）工期总目标:拟定于2011年1月30日开工，2011年10月30日竣工，总工期9个月。桥梁工程: 2011年2月16日至2011年8月30日；路基工程: 2011年2月16日至2011年6月10日；附属工程: 2011年5月1日至2011年10月10日；竣工清理与验收: 2011年10月11日至2011年10月30日。

（2）成本总目标：不断降低和优化成本，力争实现和达到预算成本目标。

（3）质量总目标：标段工程交工验收的质量评定：合格；竣工验收的质量评定：优良。

（4）环保总目标：整个工程施工将全面运行ISO14000环境保护体系标准，积极维护当地自然环境，最大限度地减少施工对自然环境的破坏，系统地采用和实施一系列环境保护管理手段，防止水土流失，杜绝环境污染，争创文明施工标准化工地，以期得到最优化的结果——争创施工环保目标：优良。

根据该工程的特点和施工工艺，将其控制周期定为7天。由于各个控制周期的数据收集和统计分析方法基本一致，选择其中两个控制时点和一个控制周期为例，来说明对工程项目动态优化管理的过程。本项目的检查点为5月17日，根据此时工程施工过程的数据资料计算EVM得基本参数，计划成本BCWS、实际施工成本ACWP、已获价值BCWP。建立已获价值统计表，计算相应的偏差指标和绩效指标，进行成本—进度评价分析。当指标值大于1的时候，说明处于节省的状态，应该总结好的经验；在0.95 ~ 1之间，应该在继续进行项目的同时找出产生偏差的原因，制定对策，进行控制争取在下一个周期减少偏差；小于0.95，必须引起高度重视，进行重点分析，必要时可以适当调整局部目标以保证总体目标的顺利实现。

根据计算结果，截止到5月17日，该工程的进度拖后，成本超支。绩效指标在允许的偏差范围之内，因此在继续进行项目的同时应找出偏差原因，制定对策，进行控制争取在下一个周期减少偏差。

依次循环优化控制。这个周期循环的过程是一个螺旋式地改进提高过程，所以从项目一开始便进行这种循环是至关重要的。之后收集方台桥5月24日的数据并建立已获价值统计表和指标计算表，计算结果显示，通过采取一系列的对策，使得所控制的项目进度偏差有了明显的缩小，成本偏差确有所增大，但是进度偏差缩小的幅度比成本增大的幅度大，这说明整个项目是向着一种好的趋势发展，在今后的控制过程中可以制定一些切实的对策来保证进度进一步缩小，同时要积极寻求降低成本的对策，由于有些成本损失是不可逆的，所以在制定成本对策时，应该注重加强技术和管理方面的对策，从而达到解决成本的目的。

在进行项目成本分析时，可以预测项目未来完工成本EAC。$EAC = BAC / CPI$。其中，BAC为项目的总预算成本，当CPI小于1的时候，由上述公式可以看出，项目按照目前的效率继续进行，一定会超出总预算成本，在应用此指标的时候，我们也可以给出其与BAC的关系，例如$BAC < EAC < 1.05BAC$，说明必须引起重视，找出原因，制定对策，

进行控制；当 EAC > 1.05BAC，说明必须引起高度重视，找出原因，制定对策，必要时可以调整成本计划，使其符合项目的发展，对于该指标的计算在此不再赘述。

在施工循环过程中，及时将每个循环各工序的动态管理情况，通过虚拟动态管理软件系统的施工动态管理信息表反馈给项目管理者。

本节主要探讨了结合虚拟技术和已获价值理论、CS 理论、GM(1，1) 模型等理论集成的虚拟动态管理技术在公路工程管理中的应用。具体内容为：石环辅道施工虚拟静态管理系统的建立，该系统要求在施工前根据工程的具体情况和合同要求，用科学的计算方法建立石环辅道工程“五控”目标，并以方台桥为例，论述在施工前应用 BPNN，GM(1，1) 等方法建立工程工期、成本目标；石环辅道方台桥施工虚拟动态管理系统的建立是在施工过程中，将整个工程的施工信息在计算机上动态地显示出来，并且与静态目标进行对比，使得目标的完成情况一目了然，有利于管理人员对于目标的控制，并且能够对于出现的偏差迅速纠偏，找出对策，从而保证工程在既定的目标下顺利完成。

通过该虚拟动态管理技术在公路工程管理上的应用，可以得到以下结论：

(1) 通过 BPNN 和 GM(1，1) 的应用可以科学地制定工程的目标，在此基础上应用网络计划技术、CS 理论可以挖掘工程的关键显著性工序，对关键显著性工序的控制，可以在保证控制精度的同时较少计算的工作量，这对于有大量数据需要计算的工程项目来说，具有现实意义。

(2) 在实践中应用已获价值理论对工程项目工期、成本进行联合监控是有效的。它能统一以货币量作为衡量工程进度和成本的单位，方便对工程工期和成本进行综合控制。在应用已获价值理论的同时，建立问题原因对策数据库，可以及时总结施工过程中的经验，提高施工管理水平，并且可以减少以后施工中同类问题出现的可能性。

(3) 通过对施工过程的虚拟演示和动态管理系统的有效结合，可以比较真实地反映现场施工过程和工程整体进展情况，对工程的整体情况有了比较形象和直观的了解，显示出传统管理方式所无法比拟的优越性。

虚拟动态管理技术在工程上的应用虽然有其独特的优越性，但目前也存在其局限性和不足之处。

(1) 虚拟动态管理技术的应用需要结合实际工程，而现实中，由于类似工程人员不够重视、数据靠经验来记录等因素的限制，致使工程实际数据的收集和分析整理有难度。

(2) 建立完整和完善的工程数据资源库。已完工程必然产生大量的数据，其中也定会存在很多相似的问题，因此可以建立工程来提高管理水平数据资源库。建立怎样的工程数据库和如何建立数据库，是以后可以着重探讨的方向。

(3) 关于质量、安全和环保如何虚拟动态优化的问题在本节中并未探讨，在今后的研究中可以探讨其目标定量化问题，从而保证施工过程的安全性，减少施工过程对环境的损害，提高工程的整体效益。

第五节　公路工程施工现场安全标准化建设

安全生产标准化的内涵，就是把工程管理的相关要素最大限度地整合优化，明确设定符合实际、符合规范要求的操作性标准，并推动落实到安全生产各个环节，从而实现项目管理更加规范、施工场地更加有序、管理流程更加合理、安全施工更加到位。因此，在公路工程开展施工标准化活动，其主要目的就是确保工程安全。要实现施工标准化，就必须实现施工安全标准化，施工安全标准化活动是施工标准化活动的重要组成部分。

魁奇路横贯佛山市东西方向，是佛山市东西向重要的交通走廊。魁奇路东延线二期工程是魁奇路的组成部分，向东与一期工程相连，将三山港、广州新客站和南沙港等重要交通设施紧密连接，是广州新客站西部的重要通道，并与多条南北向的高、快速路实现交通转换，贯通佛山中心组团和广州南部地区，完善了广佛路网衔接，实现了“广佛同城”的战略需要，是佛山市东向主要出口。

魁奇路东延线二期工程呈东西走向，西起禅城区湖景路，途经鄱阳村、奇槎村，向东跨越东平水道，与佛山一环东线相交后落地，终止于南海区西龙村附近，与魁奇路东延线一期工程相接。本项目横跨禅城、顺德、南海三区，全长约 4.532km。本项目分禅城段和东平水道、南海顺德段两部分，分别由禅城区和佛山市路桥公司负责组织实施。

魁奇路东延线二期东平水道、南海顺德段路线全长 1962m，包含奇龙特大桥和西龙立交工程，主线桥梁全长 1422m。跨东平水道奇龙特大桥为独塔双索面斜拉桥，跨径组合为 66m+69m+260m=395m，采用塔墩梁固结，边墩设纵向活动支座。桥面全宽 40.5m，按双向八车道加人行道布置。主塔采用菱形桥塔，主塔塔身总高 142m。主梁采用钢混结合的形式，中跨 247m 采用钢箱梁，其他采用预应力混凝土箱梁，梁高 3.5m。全桥共 40 对拉索，呈空间双索面布置。

公路工程施工现场作业包括驻地和场站建设、施工便道、临时码头和栈桥、施工临时用电、施工机械设备、支架及模板工程、高处作业、起重吊装、水上作业、电气焊作业、路基工程、桥梁工程、隧道工程等。

根据交通运输部、广东省交通运输厅、佛山市交通运输局和佛山市路桥建设有限公司关于公路工程施工安全标准化工作的相关规定，针对本项目的特点，构建适合本项目的施工现场安全标准化指南，包括通用作业、下部结构施工、上部结构施工。

本项目通用作业安全标准化包括驻地和场站建设、施工临时用电、起重吊装作业、高处作业、常用设备及机具防护、水上作业等。

通用作业以驻地和场站建设为例进行说明。施工阶段主要风险表现为：临时驻地选址不当造成的被洪水冲毁风险、驻地用电和消防布置不符合规范引发的火灾风险、预制场规划设计不到位带来的基础不牢靠、拌和站地基不牢固造成的倾覆风险、钢筋加工场因消防和用电管理不到位造成的火灾风险、施工便道栈桥未进行专项设计带来的垮塌风险、水上作业防护不到位的淹溺风险等。

施工现场驻地和场站应选在地质良好的地段，避开易发生滑坡、塌方、水淹等地质灾害区域及高压电线下面，宜避让取土、弃土场地。施工现场原材料、半成品、成品、预制构件等堆放及机械、设备停放应整齐、稳固、规范、标识清楚，且不得侵占场内道路或影响安全。项目经理部内应设置指示牌、宣传栏，标志标牌应做到简洁、美观大方、排列整齐有序。

本项目下部结构施工安全标准化包括钻孔灌注桩施工、承台施工、墩台施工等。

下部结构施工以墩台施工为例进行说明。施工阶段主要风险表现为：明挖基础开挖造成的基坑坑壁坍塌风险；钻孔桩作业中钻机倾覆及人员孔口坠落风险；围堰施工造成的边坡坍塌和淹溺风险；墩柱（台）、塔柱施工中模板倾覆、物体打击、高处坠落、机械伤害风险等。

高墩翻模施工应做到以下几点。

（1）模板安装前完成缆风绳混凝土地锚（C30 混凝土，外观尺寸为 110cm × 110cm × 100cm）的设置工作。

（2）模板拼装严格按照图纸进行，利用履带吊机配合吊装。模板拼装按先平模后侧模的顺序进行，先用螺栓将模板连成整体，再用 ϕ30 圆钢拉杆进行加固，两端设双螺帽，施工时严禁电焊在拉杆上起弧，模板成型后仔细检查各部位尺寸，符合标准后再紧固缆风绳，将模板固定牢靠，安装防护栏杆和安全网，并搭设内外作业平台。

（3）作业人员的上下通道设置在左右幅两桥墩中间，爬梯架底部与基础预埋件相连接，高度超过 10m 的，在墩身上设置预埋件进行附壁加强连接固定；每层高 2m，爬梯架四周用安全网进行封闭，爬梯架和模板平台之间设置水平通道。

（4）实体墩身使用整体大块钢模板施工，根据墩身高度分次进行，每次施工高度为 10m 左右。施工中采用履带式起重机配合作业，作业人员站在已安装好的底下一层模板作业平台上进行安装操作，模板就位时应先使用尖头小撬棍穿螺栓孔进行定位，再穿螺栓，待模板的水平方向和垂直方向，各最少上好 2 个螺栓，并拧紧螺帽后方可拆除起吊用钢丝绳。

（5）每块模板外均带有作业平台，作业平台满铺脚手板，脚手板选用的厚度不小于 5cm，跨距不大于 2m，脚手板采用 10# 铁丝捆绑在平台支架上，平台外侧设置栏杆高度为 1.2m，在栏杆底部设置踢脚板，其高度不小于 20cm，每层平台下方兜挂水平安全网，安全网固定在平台支架和模板上，每层平台安放 4 个 4kg 的干粉灭火器。

本项目上部结构施工安全标准化涉及支架及模板工程、架桥机施工、主桥施工、桥面系施工等方面。

施工阶段主要风险表现为：预制梁板安装中机械失稳、高处坠落、物体打击风险；现浇梁板施工中支架垮塌、高处坠落、触电风险；悬臂现浇中挂篮倾覆、高处坠落、触电风险；桥面系施工高处坠落、触电、物体打击、机械伤害风险。

斜拉索施工应做到以下几点。

（1）斜拉索施工应编制专项施工方案，并对其进行专家论证。

（2）斜拉索展开时，索头小车应保持平衡，操作人员与索体距离不得小于 1m。在拉索锚头牵引并进入拉索套筒时，应将千斤顶严格对中，并通过起吊设备来调整拉索进入管道的角度，防止拉索锚具碰撞、损伤，影响施工。

（3）人员上下通道跳板应满铺。塔内脚手架应稳定可靠，操作平台应封闭，操作平台底应挂安全网，作业人员不得向索孔外扔物品。

（4）塔腔内应设人员疏散安全通道。塔腔内照明应采用安全电压，并应配备消防器材。塔腔内不得存放易燃易爆物品。

（5）塔端挂锁前，应检查塔顶卷扬机、导向轮钢丝绳及卷扬机与塔顶平台的连接焊缝。

（6）挂索前，应检查塔腔内撑脚千斤顶、手拉葫芦及千斤顶的吊点情况。挂索或桥面压索前，应检查张拉设备。连接丝杆与斜拉索应顺直，夹板应无变形，焊缝应无裂纹，螺栓应无损伤。

（7）千斤顶、油泵等机具及测力设备应校验。张拉杆的安全系数应大于 2，每挂 5 对索应用探伤仪检查一次张拉杆，不得使用有裂纹、疲劳及变形的张拉杆。

本节以魁奇路东延线二期工程四川路桥项目经理部施工现场安全管理为例，进行施工现场安全标准化建设，针对本项目工程特点，分析了通用作业、下部结构和上部结构在施工阶段的主要风险表现形式，可为施工管理人员提供参考。最后，分别就施工现场驻地和场站建设、高墩翻模施工和斜拉索施工在标准化建设管理方面提出了规范性标准。

第六节　公路工程建设项目施工招投标管理

近些年来，我们国家对公路工程进行建设的项目，不断地加大投资的规模，这也给施工招投标的管理工作有了更多更高的要求，所以，对公路工程的建设项目招投标管理不断地进行强化，具有非常重要的作用。

公路工程的建设项目进行施工招投标的管理工作非常复杂，特别是在进行招标的前期准备阶段、招标的过程当中，决标成交等每一个阶段都是非常关键，所以说管理的工作一定要加强重视，一定要采取有效的措施来不断地提升招投标的管理水平，为招投标的工作能够顺利地实施搭建便利的条件。公路工程建设项目的招投标准备阶段复杂麻烦，但是，每一项工作的质量都对招投标的过程有非常重大的影响，所以，对招投标的准备阶段管理工作不断地进行加强非常关键。第一点，对公路工程进行建设招标的时候，一定要严格地根据相关的规章流程来实施。一般情况下，只有经过招投标的主管部门批准之后，才可以进行实施；第二点，对招标方式进行确定，业主一定要根据公路工程的建设项目实际的特点、设计的具体情况还有自身管理的实际水平，一定要全面地考虑合同的类型还有分标的数量，才能够对招标的方式进行明确。公路工程的建设项目招标发包的模式不能够把相互独立的项目分标合理地进行招标，又能够把所有的项目全部进行发包；第三点，公路工程的建设项目施工有非常多的施工方法，最后采取哪一种方式的合同，一定要业主充分地考虑相关的方面之后才能够进行决定。

招标的阶段非常关键。第一点，对公开招标的招标单位首先进行明确邀请投标人的实际数量，并且一定要按照投标申请人所申请的文件严格地、充分地进行评估，按照分数的高低，再根据预计人数来对投标人的名单进行确定；第二点，相关的招标单位一定要按照招标文件的条款内容，投标单位的负责人一定要到工程现场实地进行考察的工作。这样投标的单位才能够根据现场实际的情况，制定更为合适的报价，与此同时，相关的投标人员一定要按照考察的情况，对自身的投标原则以及采用的措施进行选择，这样就能够有效地避免承包商以不了解情况的借口不承担相应的责任；第三点，在进行开标之前召开会议。在进行标前召开会议的主要作用就是为处理投标人存在的一些问题，为了杜绝给投标人的报价带来一定的误导，相关的招标单位在回答问题的过程当中，一定要认真地进行解答。

决标成交的阶段主要的流程就是：开标、评标、决标还有最后的签约，而决标以及评标是业主之间进行的。下面文章就是对不同的工作管理需要重视的问题进行详细的论述。

开标方式一般情况下包括非公开以及公开两种，无论采取哪一种方式都一定要在招标的文件当中进行标注。在进行公开招标的时候，一定要平等公平地进行竞争，使每一个投标人都明确自身的报价，还能够详细地了解别人的报价。与此同时，在进行开标的时候，一定要按照招标文件当中具体的地点、施工的时间，由招标的单位进行开标仪式，并且请相关的监理单位、公证机关和计划部门进行参与。

评标在整个招投标阶段当中都是非常关键的一项组成部分，直接影响到业主是否可以采用最为合适的投标单位，这也直接关系到公路工程的质量安全，在进行评标的时候，一定要按照招标文件当中的内容，评价每一个投标单位制定的标书。为了确保公平以及公正，相关的招标单位一定要组织成立招标委员会，而且委员会的成员不可以受到无谓的干扰，而且不可以代表自身的单位。与此同时，一定要加强重视下列几方面的内容。

在进行评标管理的时候一定要遵守的基本原则，就是为了确保公路工程的建设项目评标工作能够顺利地进行，招标的人员一定要按照下列的招标原则来执行：第一点，一定要保证评标的客观性以及有效性，不能够只是追求低标价。想要有效地确保公路工程的建设项目质量，就一定要根据施工的成本来当作基础，所以，如果投标人报价相对比较低的时候，相关的招标单位一定要认真地严格地进行分析，防止施工单位出现偷工减料的行为、从而影响到整个施工的质量安全。与此同时，对报价进行评审的过程当中，一定要对照标底以及标书当中的所有工作内容来进行分项报价，来确定报价是否合理。

评标管理的方法主要有：综合评价指标法以及公式记分法这两种，而综合评价的指标法就是利用量化的施工经验、建设的工期还有就是投标的报价等相关的指标来实现的。但是，不一样的指标的单位有很大的区别，所以，为了有效地实现汇总进行计算，一定要运用相对数来体现出不同的指标。公式记分法一般都会附加一些其他的优惠条件以及施工单位的实践经验等方面来综合地进行考虑。按照我们国家的项目投标的规范标准来对不同的标书来进行评分。这一评标的方法在一些比较小型的公路建设当中，应用的范围非常高。

在进行决标的时候，业主对评标报告进行全面的分析之后，与多家可能中标的单位对价格以及施工当中存在的一些问题详细地进行阐述，之后再采用最为合适的施工单位。如果中标人得到授标的通知书之后，就已经是公路工程建设的项目承包人，应当在规定的时间当中，与业主签订制定的施工合同。业主还一定要与中标的单位深入地进行讨论，把一些比较细小的问题标注在签订的合同当中，与此同时，把落标的通知书发送到其他的没有中标的单位，把收取的保证金原数退还。在决标的阶段，相关的专家还有业主一定要全面地综合地分析不同投标单位的决策投标报价实际的方式，一定要全面地掌握各个投标单位具体的投标目标，这样才能够采用最为合适的选择。在当今阶段的投标单位使用特别广泛的投标报价决策方法就是依照工程清单进行报价决策的方法，主要的内容都有：生存型的策略、竞争型的策略、盈利型的策略这三种。第一种，生存型的策略中标作用就是为了应对面临的生存挑战，而出现这一危机通常情况下都是由于投标单位的管理不合理导致的，所以，就算是不盈利也可以中标；第二种竞争型的策略，指的就是以低盈利，为的就是开拓市场，对成本精确地进行计算，对竞争的对手报价目标全面地、深入地进行分析，利用价格的优势来中标；第三种盈利型的策略，选择这种策略的投标单位在进行报价的时候，就是利用自身的优势来中标，从而得到经济效益以及社会效益。

在对公路工程进行建设的过程当中，施工招投标的管理工作非常关键，一定要尽可能地对社会资源科学有效地进行分配。利用招投标的阶段，就可以选择最为合适的施工单位，更好地确保工程的质量。

第七章 路桥建设及养护管理

第一节 路桥施工管理创新技术

我国的路桥施工建设项目在国际趋势的影响下，进入了黄金的发展阶段，并且为我国的经济和政治造成了一系列的积极作用，但是路桥施工项目数量快速增长的同时，也会为管理技术产生一定的阻碍，特别是我国加入世界贸易组织之后，国际上实力较为雄厚的路桥施工企业进入了我国公路桥梁建设的对应市场，让国内大部分还未发展壮大的路桥施工企业倍感压力，由此，我国本地化的路桥施工企业也从竞争中获得了启示，只有从各方面做大做强，才能够在世界的市场中立于不败之地，其中最主要的改革和创新方式就是从管理的角度加强整体实力，获取核心优势的同时提高行业市场竞争力。

我国的经济发展情况对各省市和地区的路桥建设水平提出了全新的要求，随着现代化技术的不断引进以及社会市场经济体制的刺激下，路桥施工管理技术改革的重要性也在城市规划中越来越明显，为了满足社会日益增长的路桥质量要求，相关部门必须根据其项目的实际情况对路桥施工管理技术进行创新形式的研究和探索。路桥施工单位应当以公路和桥梁行业的发展为基本的核心导向，同时将具体的工程项目作为实际依据，利用科研机构的专业和素质作为支撑，基本相关应用型技术成果，对“产学研用一体化”管理模式进行深层次的研究，从路桥施工构架与需求两个方面的角度出发，重点处理项目施工中长期存在的施工难点，以科技研发为基础，促进建筑企业的升级与转型，推动企业的健康发展。只有路桥施工项目可以在研究过程中对实际的工程产生巨大的影响，才能让相关部门在此基础上对路桥施工管理技术提高重视水平，朝着开发自主知识产权以及对应科技成果的方向快速稳定推进。

我国路桥施工管理创新技术的研究过程中，出现了很多影响行业发展进程的案例和成绩，其中甘肃路桥企业对其项目施工管理技术的创新和改革，为我国科学技术创新局面的发展打下了良好环境和理论基础。该路桥施工企业的各相关部门都针对项目建设过程中遇到的实际难题，积极开展了路桥施工管理技术相关的研究。2011 年到 2014 年的四年间，建设单位一方面用大量的研究和试验解决了地质背景下路面出现的实际问题，另一方面技术部门也在就改革中的问题进行管理技术方面的总结，随着施工技术的不断发展，高模量改性沥青混凝土 AC-20C 型桥面铺装结构和水泥混凝土 CAC-20 新型路面铺装结构试验路的铺筑能够在实践中发挥切实的效用，二者不仅在结构上具有传统材料没有的抗水损、抗老化、抗车辙等特点，同时也是路桥施工中路面构架的创新形式，技术人员在优化工序的情况下，使用了新材料、新技术和新工艺，因此路桥施工单位的科研项目不仅具有很好的实践性，还具备极大的推广和普及的价值。为了进一步推行施工标准化机制，成武路面二标的各参建单位还优化和创新了桥梁伸缩缝的施工技术，待桥面伸缩缝安装开缝清缝的工作结束之后，用符合实际施工情况的 PVC 管内包裹好吸水性较强的填充物，把缝内存留的水处理掉，再利用纵向导管将伸缩缝内的自由水排掉，使得桥面铺装中没有多余的积水存在，不仅可以有效降低桥面受到的积水损害，还能进一步地加强路桥施工工程的质量，该方式还受到了当地高校建筑专业教授的高度评价。

该路桥施工单位除了在工程建设中积极采取创新的技术和行动之外，还将改革的理论和精神运用到了开展企业各项工作的管理和经营机制中，还以此作为优化员工思想和素质的依据，甘肃路桥建设集团在 21 世纪的管理思路中，始终坚持以人为本和可持续发展的原则，积极建设优质的技术和操作团队，用企业的正能量制度激发员工的凝聚力和主观能动性，同时在稳定现有实力的基础上，开拓更加广阔的市场和渠道，用领导分区域包干的制度激发员工参与企业经营的动力。企业除了调动员工的积极性之外，还应当采取恰当的方式明确各部门和岗位的基本职能，实现责任、权力和利益的统一化、科学化和合理化。另外对项目和员工的严格要求，也是现代化企业管理理念中非常重要的一部分，只有集团领导能够建立整合资源的机制，并且明确多元化的发展才是引领企业健康发展的核心原则，同时人才工作环境的优劣也是影响其对于企业能否产生归属感的主要指标，从源头上加强企业文化建设和思想政治培训深度，用改革和创新让企业能够实现更高层次的价值和意义。

路桥施工单位应当在日常的培训和管理中，引导员工依照施工单位的内部纪律与相关法律法规对各项生产工作进行严格把关，尤其是要对地方政府当前最新的行政条例有全面的了解，只有这样才能保证职工在安全的环境下，开展一系列的施工工作。在施工现场设置必要的防护设施，为施工人员创造一个文明、安全、良好的施工环境。在设计单项工程施工程序与组织形式的过程中，需要同时加入安全技术措施，若某一单项工程有着比较大的施工安全风险，施工单位需要对施工现场的各项风险因素进行准确的识别，并制定详尽的安全管理方案。

路桥施工单位应当严格按照项目合同上的要求全面落实各项施工工作，对企业内部的施工质量管理体系进行不断地丰富与完善，使得工程质量可以持续保持在优良率以上。技术部分也需要为质量管理工作提供更多的支持，综合运用各种先进的技术手段对施工质量进行动态化管理。工程项目形式开工前，施工单位需要将生产骨干、管理人员与技术人员组织起来，对施工规范、施工设计图纸与合同文件进行全面的审核，完成技术分析与技术交底工作，根据讨论结果设计施工组织方案，制定质量管理措施。为现场施工人员提供必要的职业技术培训，重点解决隐性工程质量监督与管理工作的难点问题。对于路桥施工管理中的存梁台座的结构设计、压浆工艺、蒸养及梁体内外温差控制等关键工序，需要有专门的技术攻关小组进行质量监督，最大程度上达到工程管理技术创新的高质量和高水平。

施工单位需要将即将参与现场施工的工作人员组织起来，对施工设计图纸中的技术内容与技术要求进行全面的解释与分析，使施工人员能够了解施工图纸在设计意向方面的有关细节。做好技术交底工作，首先需要由项目负责人对方案技术措施、工艺方法与工程概况等方面的内容向工长、班组长进行详细的交底，交接人需要在各级书面上签字。项目施工过程中所需要投入使用的设施、用品与安全工具都应当得到妥善的保管，同时电气、机械等方面的相关设备也应当做到周期性的检查和维护，以此为根据，技术部门理应建立安全保障制度。安全管理人员需要事先对施工中，将会使用到的各种重型机械设备运行路线进行妥善的安排，约束施工人员在施工现场的行走路线，避免出现机械设备与施工人员活动范围出现冲突的问题。

综上所述，路桥施工单位应当就目前的形式和经营情况，制定对应的管理技术创新方案，只有这样才能使企业在顺应社会市场经济发展趋势的同时，获得更加具有潜力的效益和价值，并且能够有效推动路桥项目施工的专业化、机械化和班组化的统一进程，使路桥建设单位不仅能够使施工队伍管理水平有所提高，还能在激烈的市场竞争中形成属于自己的品牌优势，既能够为企业的健康发展奠定良好的基础，也能够为我国的现代化建设作出自己的贡献。

第二节 省道路面施工管理措施

在省道施工中，路面施工对公路整体质量有直接影响，施工人员应该注重路面施工的管理，针对其主要存在的问题，采取相应的措施，保证公路施工质量。省道路面施工工艺流程较为复杂，且涉及方面广，在进行路面施工管理的过程中，管理内容也会相对繁杂，主要包括：成本管理、技术管理、质量管理等多个方面。因此，在管理路面施工工作的过程中，一定要对各个方面、各个细节展开严格细致的管理。

在省道路面施工过程中，公路施工测绘管理十分重要，施工人员如果能够对测绘工作进行合理管理，就可以缩短施工工期，提升施工效率。但是，当前的省道路面施工管理中，忽略了对施工测绘的管理，存在较大的滞后性。同时，当前的公路施工工程大部分更注重经济效益，各种测量问题频繁发生，对路面施工质量造成了巨大的影响，也威胁着人们的行车安全。

鉴于公路施工是户外施工作业，且作业时间长，施工范围广，容易受到当地地理条件和气候条件的约束，导致施工设计方案无法顺利实施，只能进行方案变更，这就增加了施工成本。虽然自然条件无法改变，但是，施工人员如果在施工之前就进行了详细的地质条件和气候条件的勘察，在遇到条件限制时，就可以给出相应的解决措施。然而，在粗放式经营模式下，施工单位只注重经济发展，对勘察工作不重视，导致出现资源和劳动力浪费现象。

当前，省道路面施工管理人员缺乏一定的管理责任感，造成人员管理散漫，管理力度不足，管理态度不认真，不能及时反映施工中违反施工要求的现象。严重的甚至还出现了先施工、后报告的现象，这种不严格的管理模式，造成施工工序颠倒混乱，出现了资源浪费的情况。另外，有些工程中，施工人员对公路路面施工质量检测不认真，没有根据相关的检验标准进行检测，给行车安全造成了极大的威胁。

在当前的路面工程施工中，由于管理责任分配不合理、管理方向不明确等问题，在路面工程项目管理中出现了一系列漏洞。如：在管理过程中，由于管理人员欠缺规范意识，导致出现工程强度不达标、交工时间不明确、总工程工期不明确和工程技术不统一等现象。另外，由于缺乏明确的施工管理监督制度，在材料采买和设备引入的供应、结算、质量保修等方面未能形成相互协作的和谐关系，这就阻碍了施工的顺利进行。

当前，省道路面施工人员缺乏工作主动性，工作积极性不高。但是，随着时代的发展，公路运输业的发展需要路面施工做到保质保量。虽然道路的开辟为地方经济的发展带来了契机，但是这也给公路施工人员带来了艰难的挑战。很多施工人员都长时间离开家乡，日复一日地重复单一的工作任务，再加上施工场地环境艰苦且较为封闭，与外界联系较少，如果对施工人员的管理不到位，就会导致施工人员在施工过程中出现一系列突发状况。再加上户外作业有很多潜在的安全威胁因素，就会导致工作人员消极怠工，对施工质量造成负面影响。

建立完善的施工管理制度是保证施工管理质量的必要前提，施工管理人员应该制定健全的施工管理制度,使施工管理工作专业化和标准化。如施工单位可以成立施工管理小组，细化路面施工管理规则，将每个施工环节中需要达到的施工标准进行突出，保证每个施工环节的质量，从而保证整个工程的质量。在此基础上，进行明确的工作分工，充分发挥施工设备和物资材料的调配使用效率，对每个工作环节应该使用的材料、设备等，进行严格规定，杜绝资源浪费现象的出现。另外，公路施工合同签署双方都应该高度重视工程合同条款，根据合同要求来进行施工标准的制定，制定了施工标准后，根据此标准进行相应的施工，保证施工质量与合同标准的一致性。

首先，在开展施工之前，施工人员应该对施工现场的地质条件、气候特点和人文风俗进行了解，尽量避免由于自然条件和当地风俗造成施工方案变更，这不仅是保证工程顺利进行的必要前提，更是减少施工成本的基本措施。在此基础上，施工人员在施工之前应该对测绘图和施工图纸进行细致研究，根据施工图纸要求进行施工，以便最终施工完工后，能与施工合同要求相一致。其次，施工人员应该在施工过程中进行施工计划和施工方案的编制，设定施工工期，根据施工工期合理安排施工任务，避免由于赶工期而降低施工质量。最后，施工管理人员应该对施工材料与废料的堆放、施工设备的摆放等，进行科学合理的设计，保证施工材料堆放不会影响施工设备的进出，施工设备的摆放也不会影响到施工的正常开展。

在进行公路路基路面施工过程中，在注重施工质量的同时，也要注意工程的经济效益，因此，降低施工成本十分重要。施工人员在施工前就应该制定详细的施工计划和方案，对材料的采购进行预算，严格控制材料的使用。其次，针对施工中的难点和重点，进行合理的劳动力分配和机械设备配备，提高劳动生产力，保证施工能够顺利、安全进行。另外，施工人员应该进行适当的教育培训，了解新引进器材的使用说明，合理正确地使用施工器材，定期对施工器材进行维护保养，延长施工设备的使用寿命，从根本上控制成本消耗。

由于公路施工面临复杂的地质结构和恶劣的自然气候条件，在施工过程中经常会出现一些突发性施工事故。因此，在进行路面施工的过程中，施工人员应该对施工技术进行细致的管理。针对施工过程中容易出现的突发性事故和安全隐患进行评估，并将评估结果交至上级，在上级决策后，及时排除，尽量避免施工过程中出现安全事故。此外，施工人员要对施工设备进行定期检查，保证施工设备能够正常使用。由于当前已经进入了机械化时代，在道路施工中引入的机械设备逐渐增多，管理人员不仅要注意设备的运行检查，更要注意其类别管理，要将机械设备安置于合理的位置，最大限度地发挥机械设备的功效，提升施工效率。

施工的每道工序都会对最后的施工质量造成影响，因此，施工人员在进行施工的过程中，应该对每道施工工序的质量进行严格管理。在公路施工过程中，应明确每道工序的工作责任，并将其落实到施工人员身上，实行责任制，保证施工人员做好该工序的施工工作，进而保证施工的细节质量。另外，要合理安排施工工序，工序完成后，及时进行质量验收，针对不符合要求的工序，应该及时进行改进，避免出现恶性循环。除此以外，施工人员在工程完工后，要注意施工现场的整洁性，减少对环境的污染。

综上所述，根据我国交通行业的发展需求，省道工程建设施工具有重要意义，对省道路面施工进行科学化、合理化管理十分必要。在进行省道路面施工管理的过程中，施工人员应该严格控制好施工的各个环节，把握施工管理的重点内容，以合理的方式强化施工流程管理，将质量控制落实到成本控制、施工细节、工序管理等各个方面，将细节管理和全局管理有机结合，促进路面施工管理的科学化和规范化，进而保证公路工程整体质量，促进交通行业的发展。

第三节　路桥建设及养护管理分析

路桥建设的实际过程中，在初始阶段就应该制定并配套路桥建设的质量体系和质量目标，有针对性地建设路桥建设质量管理措施，实施质量第一的路桥建设根本原则，严把路桥建设的质量关口。在路桥建设的细节中要突出质量问题，要结合路桥建设技术、建筑材料、施工人员和设备机械展开质量的全面控制与管理，关注路桥建设施工的具体情况，将质量目标转化为路桥建设的实际质量。在路桥建设的过程中要建立质量控制和管理的核心要点与检验关键点，不但从路桥的外观上，而且从路桥工程的结构上，都应该完整而全面地落实质量管理的目标和责任，以全面地控制和管理提升路桥建设的综合质量品质。

在信息技术渗入到工程技术、建设体系和人员机械的细节和关键的今天，要想提升路桥建设的品质和速度，必须从信息技术的应用和路桥建设信息化水平提升做文章。要建立路桥建设的基础信息库，实现多元化、多维度地对路桥建设信息的收集和整理，结合路桥建设的实际施工状况、工种施工、供需双方各方面信息与数据的深层次加工，以先进的大数据平台和云计算技术得出更具有指导性和管理功能的路桥建设决策，满足路桥建设的具体需要。同时，在路桥建设施工信息化建设过程中要坚持全面和系统的原则，既要确保施工信息向上覆盖到路桥设计，也要实现施工与技术信息的细致和精确，实现对路桥建设的工期、成本、进度和质量各个方面目标的全面控制。

路桥施工机械的使用不但提升了路桥施工的效率，也大大降低了路桥施工的成本，进行路桥建设要将机械的普遍使用和高性能设备的深层次利用作为基本前提。在路桥施工机械的选择中应该首先选择具有多功能、智能化的设备，优选多功能、高效率的路桥施工设备机械作为路桥建设的第一目标。同时，要敢于在路桥施工中主动应用智能化路桥施工机械，有效提升路桥施工的基础效率,扩大路桥施工中单位时间的工程量，在时间成本、效率目标和能源消耗上实现路桥施工的总体目标,在体现路桥施工机械智能化发展方向的同时,将路桥施工机械的价值和潜力做到进一步挖掘。

路桥养护单位应该根据路桥养护管理实际需要，培养专业的高素质路桥养护工程师，建立稳定的养护管理队伍。通过养护人员专业能力和管理人员专业素质的提升，进一步整合路桥养护管理过程中各个人群、各个环节、各个单位的关系，建立路桥养护管理人员和工作人员的晋升与培训机制，做到对人员发展的有效保障。

路桥养护工作的管理要做好检查工作,要突出检查环节,通过检查并且做好检查记录,同时应做好定期检查和专业检查工作。首先,例行巡检需要由县级工程师组织实施,通过目测和简单的工具测量了解桥梁情况,至少每年一次,检查完毕做好检查记录表并上报。其次,定期检查时应拍摄桥梁照片,填写桥梁定期检查数据表和检查报告。

当前路桥养护工作中存在资金数量不足、投入倾斜等实际问题,要确保路桥使用寿命,提升路桥行车安全必须要在扩大路桥养护资金数量，增加路桥养护资金来源的基础上，全面提升路桥养护资金的使用效率和使用效能,这样才能将宝贵的路桥养护资金用在“刀刃”上。一是路桥养护工作者要立足于交通事业发展和主动服务社会这两项基本出发点，向全社会、主管部门、相关企业做好宣传工作，获取他们对路桥养护工作的支持，激发社会资金和政府投入对路桥养护的支撑。二是要在路桥养护工作中形成重点和要点，将来之不易的路桥养护资金做到全面运用和科学运用，发挥出路桥养护资金的最佳、最大功能，整体上提升路桥养护的效果、速度和质量。

路桥养护是一项连续而系统的专业型工作，需要有严谨的档案信息和细致的专业数据作为前提，因此，必须加强路桥养护档案的相关工作，当前最为重要的是要建立起适于路桥养护工作实际的档案工作制度体系。一是要全面收集路桥工程设计图、变更图、竣工图等信息和资料，形成档案信息的基础，进而为档案工作和路桥养护提供可靠的凭据和前提。

二是要结合路桥养护工作做好档案的整理和加工工作，通过制度建设使路桥养护信息和资料得到科学处理，通过制度建设提升路桥养护的工作品质。

第四节　道路桥梁建设施工现场管理

伴随着我国经济水平的快速发展，每个行业都已取得了很大的进步，在建筑行业也不例外。近几年在建筑行业，各个市场的激烈竞争，究其竞争的最大支撑是建筑企业的管理工作做得如何。在施工现场，要积极地开展有效的施工监测，才能有利于路桥工程质量的提高。值得注意的是，在施工现场会产生很多的问题，也会有很多其他的不稳定因素存在，所以监测人员要积极地收集数据，从而实现风险评估，在施工中，施工与设计人员也会遇到问题，监测人员要据此对施工方案做必要的调整，有助于使用工程质量得以提升，施工的风险也得到降低。在施工现场，施工管理者要加大管理力度，注意不能因为一时疏忽，给人民生命财产造成影响，也会使道路桥梁工程质量受到影响，引起安全问题。所以在施工现场，实现行之有效的管理，也是保证工程质量的要求，有利于工程的效益利润。

在整个工程的施工中，要对施工设备进行有效的管理，只有这样施工单位才能最大化地获得经济利润提升。有效地管理路桥施工使用的材料，在采购环节注意要按照施工要求去科学采购，要对如何使用施工材料有一个总体规划；在施工设备管理中，对施工设备进行使用时，要有计划地安排，进一步设计出行之有效的施工方案。为了促进道路桥梁工程质量的提升，就要有一套体系去评价施工质量，注意一切原则是施工进度要依照进行，工程要如期完成所有的施工，以免使施工单位的经济受到损失。

目前道桥施工过程中，施工企业中管理人员领导安全管理的意识都非常淡薄。领导只是形式上的重视，在具体工作中却不积极地落实。只是一味地追求经济上的最大利益，却往往忽视了安全的重要性。所以要建立一个相关的管理机构，并完善它，另外要建立一套对人员进行安全教育的培训制度，要在实际工作中积极落实到实处。

在路桥施工计划之前，要做一个合理有效的计划。建设路桥工程不仅在项目上步骤较为繁杂，而且它具有复杂性的特点，有一些由于风雨等自然原因会影响到施工现场，在各项目之间连接的过程中，要做好整体规划。由于施工人员对工程没有一个整体计划，导致项目之间联系不到一块，施工之前和竣工完成并没有一个完整的效果，就会导致施工不能顺利完成，同时就出现了很多的质量隐患问题。

在路桥施工中，缺乏对其质量的监管，一般只是形式上的规定。在一些城市中，政府也不加大对路桥的质量监管力度。在进行施工管理工作时，就非常不利于拿来在管理中使用。作为施工管理人员在工作时，没有一些可以衡量的指标依据去进行监管质量，这就导致管理效率大大降低。

由于路桥施工的自身特点以及施工多处于露天，施工人员大多都是比较偏远而来的农民工，他们的专业技术相关能力不高，而且不重视安全问题。很多的安全事故的发生，大多都是因为施工人员对施工工程的安全不重视造成的。所以企业要做好相关工作。在聘用人员时，就应该对其进行安全教育和技术培训，让施工人员提高自身对施工的规范。在施工时，人员也要根据施工项目的有关规定去规范地进行施工。这样做的目的也是以免出现不合规范的操作，导致发生一些不可挽回的意外。比如在施工中，人员必须要按规定戴安全帽，以及配有安全设施才能到施工现场，有时候，施工人员会不合理不规范，比如给钢铁涂抹环氧胶液时，要注意仔细，在灌浆时，要积极地采用防腐的材料积极修补。

在工程施工中不能一味地只追求利益而忽略了要针对成本进行合理控制。不可以在控制成本时过高或者过低，这会引起工程质量不达标，整个工程就会很受到影响。所以，工程在施工之前就要做好合理的规划，针对成本进行科学的计算。为了尽可能降低施工企业的成本效益，在施工建筑材料采购时，要根据项目的质量要求来选择合适的材料，综合“货比三家”，找到比较满意的材料。

严格管理施工进度，要做好三方面的工作。第一，在施工过程中要意识到对施工的工程质量进行监管，是很有必要的，在施工中要注意依据项目的质量要求，有责任感地对影响质量的因素以及数据进行填写。第一，了解路桥的管理目标，以使相似的问题不会再发生，就要在工程建设中，积极对质量进行控制，做好相关的测试工作。第二，对施工的质量进行控制和管理，要结合外部环境和内部监控，其中外部环境很重要，如对人员的监管，设施以及设备和材料的监管等。

第五节　公路桥梁工程造价管理与控制

随着科技的发展以及人民生活水平的提高，现在的城市交通环境已经无法满足人们的需要，大量的架桥工程搬上了现代交通建设的舞台，成为我国交通公路改建的主要方式与选择。当前公路桥梁工程建设过程中，降低工程造价、节约工程建设成本，增强公路桥梁工程建设总体效益已经成了公路桥梁工程建设过程中的必然选择。造价管理作为公路桥梁工程建设过程中的重要工作之一，对公路桥梁工程造价管理面临的风险因素与解决措施进行研究有着较为重要的意义。

所谓决策预算是指财务部门在每次桥梁工程规划阶段，都要依据当时的具体物价情况做出该桥梁造价的初步预算，是建造部门明确该桥梁的成本，从而更好地选择与安排后续的施工问题，例如施工队伍的工资洽谈等问题都与财务预算有关。但是在实际的预算工作当中，桥梁预算很少能够依据现实情况做好科学的预算。具体表现为很多时候原料的预算会与实际物价偏差较大，或是没有能够很好考虑施工过程中的偏差问题导致的重复施工可能，从而加大了实际资金与预算之间的差距与现实，导致实际造价远超财务预算。归根结底还是缺乏专业的人才计划与管理，使得财务工程报价不合理而无人知晓，而企业或政府又不愿意将资金预算承包给第三方增加额外花费，使得桥梁造价预算很多时候都形同虚设，无法起到预估与指导的实际作用。

施工阶段开始的第一步就是需要选定施工方案。选择出最优秀、最合适的施工单位对于控制施工阶段的造价管理风险较为重要。本阶段造价管理中包含的风险因素有：标段、招标方式划分不科学；审查施工单位资质不严格；泄露出了公路桥梁工程标底价格；条款、计价方式不够明确或者出现了漏洞；公路桥梁工程出现了工程量变更；建设过程中相关的法律法规出现了变更；环境等其他因素导致的风险。

在整个工程费用中，对于材料的支出甚至达到了 70% 以上。所以对于材料费用的控制就显得非常重要。控制好对材料的费用支出是管理的一部分。但是也不能偷工减料，要严格按照合同的要求选择材料，并且确定材料的数量。但是多种多样的材料，价格的变动和供求关系的变化采购部分都要及时关注。为项目工程选用高质量，性价比比较高的材料，有效地控制材料费用。

随着公路桥梁施工技术的不断发展，工程造价的控制观念也在不断更新。相关工作人员应积极学习并更新造价控制观念，再根据公路桥梁工程建设的实际情况，合理对工程造价进行控制。另外，施工设计也是实行造价控制的重要环节，在施工过程中，通常会因为一些特定原因，如工程设计不合理、工程与图纸不符等造成施工的变更。因此，在进行施工设计时，设计人员一定要严格控制设计变化，注重设计的科学性、合理性，并严格履行合同，确保设计变化在合同的条款范围之内，从而将变更损失降到最低。

第六节　路桥工程机械设备的选用与经济化管理

在确保能够适应和完成相应的施工任务的前提下，采取严格的经济化管理措施，在设备的选用上注重经济实用性，将设备的运用更加合理化，这就需要管理部门以注重质量和经济化并行的做法，提高设备的综合利用率，减少成本上的开销和浪费。

在确定选用何种机械设备的方法时，首先要根据施工的具体要求来制定选择计划，在施工开始前对周边环境与地质条件的勘测和调查中，充分考虑到设备的运行能力和状态，将实际情况与设备的具体情形相结合，选用的设备才能满足实际的需求，达到应用的标准，才能确保施工工序的顺利开展，还要依据不同阶段的施工内容和要求，来合理地选择不同的设备，比如路面施工中要制作混凝土为路面的主要材料，在拌制和振捣的作业过程中就需要专门的机械设备，在选择设备时就要凭借其不同的作业和功能需求。此外，由于路桥工程的施工地点的环境较为复杂，会遇到很多险峻陡峭的地形，在设备的选用上也要考虑到体积的大小，是否适合运输至险要的地势之上开展作业和施工，对施工的安全性是否存在重大的影响，一些大型设备是不适合在较为窄小和狭长的施工路段上使用的，在作业过程中其自重和体积会受到道路两边物体的影响，而且无法保障安全稳定地施工作业，因此要选择体积相对较小的设备，这样不仅容易运输和在不同的施工阶段中进行迁移，还能够维持施工的安全平稳，不至于发生安全事故。除此之外，在选用设备的时候也要考虑到天气变化带来的影响，一些设备的性能会随着气候变化而发生下降或者失灵的情况，为避免影响到施工进度，就要估计到气候对设备的影响程度，选择可替换的施工设备。

机械设备要在很长的建设周期内执行多种施工任务，因此在选择设备时要注重适应性和可靠性，路桥工程的复杂性极为明显，针对地基、桥梁主体结构和路基路面等关键部位的施工中，所使用的设备要适应不同的施工要求和环境条件，再加上施工过程中具体环节的差异性较大，而且质量标准极为严格，这就要求设备能够在任何的环境中有效地完成施工任务，有很好的适应性和可靠性。

除了要考虑到施工的具体标准和要求，以及最重要的安全和质量方面的需求，还要关注租用和使用设备的成本开销状况，投资的金额是有限的，在合理的增长范围内是可以接受的，但是也要注意选用设备时的经济性因素，毕竟设备的运行也需要能源的供给，设备还需要合理的调试、维护和保养，这些成本开销也很大，对于路桥工程的建设来说，也是不容忽视的一笔费用，所以要设法在有限的资金限额范围内合理地选择机械设备。

为路桥工程的建设配备机械设备时，未达到更加高效合理地完成设备的选用，首先要做好准备工作，各型的机械设备都需要专业的技术工人来操作和控制，所以要做好人事安排方面的管理工作，聘用和培养高素质的专业技术型人才团队，在设备的调试、操作、维护和保养中发挥他们的才能，保障施工设备的安全性和稳定性，促进施工按照正常的进度开展。

管理好施工中的机械设备是一件较为复杂和烦琐的任务，因为设备不仅要正常地运行，还要做好初期的调试和定期的维护保养，需要大量的专业设备操作工人和保养人员合力协作，才能确保设备能够维持正常地运行。因此管理部门要制定激励和约束的双重措施，形成合力的奖惩机制，将设备的管理责任落实到个人，保障每个环节不出现大的纰漏和错误。

当机械设备发生故障时，必须按照规定对设备进行及时维修。在维修前，必须对故障进行全面鉴定，找到故障发生的根源，避免出现小病大治或者大病小治的现象。为了有效防止这些现象的发生，可以使用一些诊断设备，及时诊断机械设备故障，并且分析故障发生的原因，进而采取对应的维修措施。当机械设备的某些配件损害后，往往需要重新购进配件进行更换。但是大中型机械设备在购进配件时，订货时间较长，而且价格非常高，造成了机械设备维护的成本大幅提升。但是并非选用加工简单的配件进行替代，而是要对国产配件进行反复测试，符合要求后予以选用。

对于路桥工程施工企业而言，由于企业所拥有的机械设备种类较多，而且数量较大，整体上的维修费用消耗大。如果成立机械设备修理厂，一方面可以降低机械设备的维修费用，降低成本；另一方面还能在服务好企业自身之余，开展各种对外维修服务，获得额外的经济收益。对于施工企业来说，为了能够较好地完成路桥工程的施工要求，往往配置了多种技术先进、功能齐全的机械设备，而且还有许多机械设备在国内并不常见。

第八章　高速公路桥梁施工管理

第一节　高速公路桥梁施工管理的问题及解决措施

高速公路桥梁建设在一定程度上影响着区域经济的发展，改变着人们的生活方式，提升人们的生活品质。但目前各种高速公路桥梁施工事故频发，这就需要完善高速公路桥梁施工管理，因此本节分析高速公路桥梁施工管理的作用，分析高速公路桥梁施工管理所存在的问题，并提出相应的解决措施，从而提升高速公路桥梁施工管理水平。

一、高速公路桥梁施工管理中存在的问题

（一）施工管理意识薄弱，施工管理流于形式

在高速公路桥梁施工过程中，很多施工工地管理人员都缺乏一定的施工管理意识，具体表现就在于施工管理人员对物料管理、工程质量、工程安全及进度缺乏一定的重视，导致在施工过程中出现种种的纰漏，不利于高速公路桥梁施工建设的安全性及其质量，不利于工程进度的掌控。其次，高速公路桥梁施工管理制度建设不完善，其中主要包括施工管理人员配备不符合工程实际情况，施工管理人员在具体的工作中存在着权责不分的情况，从而导致施工人员在施工过程中没有切实地履行职责，从而使得高速公路桥梁施工管理过程遭遇重重波折。

（二）混凝土及钢筋等施工材料问题，施工材料管理不合格

为了追求经济利益最大化，很多高速公路桥梁施工管理人员在施工材料采购上倾向于采购较为低廉的施工材料，同时有些施工人员对原材料的保养维护及其配比上存在着问题，导致施工材料成为造成施工安全隐患的因素之一。其中混凝土所造成的裂缝问题，及钢筋材料造成的腐蚀问题，在施工材料中最为突出。首先是混凝土，由于混凝土本身问题，导致混凝土产生水化反应，再加上内外温差较大，致使高速公路桥梁出现裂缝问题；此外由于施工人员在进行混凝土配比之时，没有依据高速公路桥梁施工工程实际情况进行配比，而单纯地依靠经验来操作，致使高速公路桥梁出现裂缝问题。其次是钢筋，除了采购人员采购较为劣质的钢筋材料导致腐蚀之外，很多施工队伍在采购完钢筋之后，没有对钢筋材

料进行防腐蚀保护，从而在遭受雨雪天气时，钢筋材料较容易出现腐蚀情况，继而影响钢筋寿命。

（三）施工过程安全性问题，且存在施工进度质量问题

在高速公路桥梁施工过程中，由于施工管理者安全意识薄弱，再加上现场施工人员众多，如果没有一套完善的人员管理措施，势必会造成施工现场的混乱，继而影响施工顺利开展，严重的还会造成安全事故，因而施工现场安全管理十分重要。

二、高速公路桥梁施工管理中存在的问题的解决措施

（一）强化施工管理意识，建立完善的高速公路桥梁施工管理制度

目前很多高速公路桥梁施工队伍管理者，其施工管理意识不强，施工管理流于形式，这就为诸多高速公路桥梁施工埋下了隐患，使施工不能顺利进行，严重影响工程质量及工期进度。因而作为施工队伍管理者，应提升施工管理意识，应在物料采购及管理、工程质量、工程安全及进度之上多下功夫，从而使物料采购符合要求、保证工程安全、保障工程质量及进度。除此之外，还需要建立完善的高速公路桥梁施工管理制度，也就是需要完善工地人员设置，合理划分工地各部分权责，建立奖惩机制及激励机制，从而提升各部门人员责任意识，提高工地人员工作积极性，促进施工顺利进行。

（二）落实采购环节规范性，加强施工材料管理

混凝土及钢筋是高速公路桥梁施工中的重要建筑材料，一旦混凝土及钢筋材料出现了问题，就会影响整体的高速公路桥梁工程质量。而目前很多高速公路桥梁出现裂缝问题或结构性差的问题，都与这两样建筑材料息息相关，而造成工程质量问题的原因，一是在于采购价钱较为低廉的施工材料，二是在于施工人员管理维护及配比操作等方面经验缺失，因而为了避免因为施工材料问题造成的工程质量问题，就需要从以下方面入手，即：加强施工材料采购环节的规范性，在注重施工材料质量的前提下，保证施工材料价格低廉，从而落实施工材料成本管理，保证施工材料性价比；加强施工材料的维护工作，比如钢筋材料，需要做好防腐蚀工作，从而避免出现由于管理维护不当而造成的原材料质量下降；在配比混凝土等原材料时，不能一味按照经验进行配比，还需要考虑到高速公路桥梁工程的差异性，以及天气及环境的差异性，结合各个工序对混凝土的要求，同时还需要完善混凝土搅拌技术，从而使混凝土配比更为科学合理，避免出现裂缝现象。

（三）重视施工过程的安全管理，加强施工质量管理及进度管理

高速公路桥梁施工现场人员过于复杂，必须得注重施工现场的安全管理，比如定期在施工现场开展安全培训讲座，在施工现场设置安全警示标志等。这是由于科学的人员管理有助于工程顺利进行，有助于提升工程整体进度，有助于避免意外事故，有助于保障人员安全。除此之外，施工质量管理及安全管理也尤为重要。落实施工质量管理，就需要选择

合适的施工方法及施工工艺，确保施工的经济性及适用性；在施工过程中，应注重结合施工实际情况对施工工艺进行合理科学的调整，以确保顺利施工，保证工程质量；同样在施工过程中，如果发现质量问题，应考量问题出现的原因，然后制定具体的修复方案。落实施工进度管理，就需要在施工之前制定完善的施工进度纲领，在施工过程中严格按照施工进度进行操作。

高速公路桥梁施工过程过于复杂，这就需要完善的施工管理，从而保障其施工质量，这是由于完善的高速公路桥梁施工管理，关系着整个高速公路桥梁建设质量，关系着高速公路桥梁的安全性及稳定性。因而文章对当下高速公路桥梁施工管理所存在的问题进行分析，并提出改善建议，从而确保施工过程的顺利进行。

第二节 高速公路桥梁施工管理养护对策探究

高速公路桥梁工程对我国的经济建设具有积极的促进意义，尤其是在当前的时代背景下，我国城市化进程加快，高速公路桥梁工程数量增多，需要加强重视力度，才能促使行业稳定发展。

一、高速公路桥梁施工管理养护的重要性

高速公路桥梁施工管理与养护属于一项长期的工作，其主要的工作目标是提升桥梁工程的质量，通过合理的养护消除其安全隐患，并解决存在的问题，延长高速公路桥梁的使用寿命，提升工程经济性，满足当前时代发展需求。受高速公路桥梁自身的性质影响，其结构较为特殊，需要长期承受负荷压力，因此导致其局部设施容易出现损伤，此时其损伤对高速公路桥梁质量产生的影响较小，但需要及时进行处理，以避免其损伤逐渐扩大，最终造成高速公路桥梁结构损坏，形成安全事故，高速公路桥梁施工对于我国交通运输行业发展影响较大，也是当前建筑行业的重点内容，工作人员在日常工作过程中，应及时对高速公路桥梁病害问题进行诊断，及时采取有效的措施进行维护，以延长高速公路桥梁使用年限寿命，提升工程经济效益。与此同时，合理进行高速公路桥梁施工管理养护，还有助于降低高速公路桥梁安全事故的发生概率，消除高速公路桥梁自身质量对行车产生的负面影响，道路辙痕、桥头跳桥现象等，均可能造成严重的安全事故，因此必须加强高速公路桥梁施工管理养护，消除其存在的风险，保证高速公路桥梁的耐久性与安全性提升，为人们提供优质的出行服务。

二、高速公路桥梁施工管理养护的特点

高速公路桥梁施工管理过程中，由于其自身的性质较为特殊，要求工作人员严格按照

当前的施工标准进行管理，保证施工技术的安全合理，从整体上进行完善，以提升高速公路桥梁工程质量。在进行高速公路桥梁养护过程中，其自身具有一定的强制性，需要定期进行检查与养护，以保证高速公路桥梁安全隐患与问题得到及时的解决，消除外界因素产生的影响，为人们提供优质服务。高速公路桥梁施工管理与养护涉及的内容较多，范围较广，例如不仅包括日常的高速公路桥梁养护与修复，还包括当前的环保设施管理与生活服务等工作，从整体上提升高速公路桥梁质量。与此同时，高速公路桥梁施工管理养护方式呈现出明显的主动性与时效性，需要在操作过程中遵循相关的原则，建立规范的管理养护流程，保证其技术具有较强的专业性，灵活应用现有的新工艺与新材料优势，延长高速公路桥梁的使用寿命，促使城市化进程加快。

三、高速公路桥梁施工管理养护的有效策略

（一）积极提升高速公路桥梁养护工作人员的综合素养

根据我国高速公路桥梁施工管理现状，应积极建立高素质高速公路桥梁施工管理养护队伍，设置完善的养护机构，充分发挥出人才的优势，定期进行高速公路桥梁检验，制定完善的养护管理计划，以满足当前发展需求。例如，现阶段我国对高速公路桥梁施工养护队伍建设重视力度不足，部分工作人员专业水平素养较低，难以实现高质量的高速公路桥梁养护，因此应积极进行培训，定期开展相关的基础知识课程，促使工作人员通过培训提升自身的综合水平能力，加强对高速公路桥梁施工管理养护的认知，充分发挥出自身的作用，灵活应用先进的方法与理念，及时处理高速公路桥梁中存在的问题，积极开展日常的维护工作，保证高速公路桥梁质量，为人们提供优质的服务。与此同时，还应积极引进先进的技术人才，通过人才带动技术创新，发挥出新技术优势进行高速公路桥梁养护管理，从整体上提升工作质量，满足当前的需求。

（二）积极落实高速公路桥梁施工管理养护工作避免形式化

现阶段，我国部分地区在进行高速公路桥梁施工管理养护过程中，存在明显的形式化情况，其工作落实不足，导致高速公路桥梁中经常发生安全风险，甚至部分高速公路桥梁问题原本对高速公路桥梁质量影响较小，但由于长期未能进行及时的处理，导致其问题进一步扩大，造成不良的影响，最终形成较为严重的安全问题。因此，应积极落实高速公路桥梁施工管理养护工作，制定完善的养护检查计划，及时发现高速公路桥梁中存在的微小病害，采取有效的措施进行处理，将安全风险消除在萌芽中，以保证高速公路桥梁整体质量。相关部门应加强监督，与工程单位、技术部以及监理单位进行合作，联合处理，从整体上进行工作落实，满足当前的需求。加强资金的投入力度，从整体上进行养护，定期进行高速公路桥梁加固、维修与养护，并预留充足的资金进行修缮，为我国的高速公路桥梁工程发展奠定良好的基础。

（三）建立完善的高速公路桥梁养护档案并积极进行加固维修

高速公路桥梁施工管理养护属于一项长期的工程，因此工作人员应建立完善的养护档案，针对其高速公路桥梁存在的问题进行详细的记录，并进行合理的保存，为以后的高速公路桥梁施工管理养护提供精确的数据资料，以满足时代发展需求。制定完善的安全问题应急方案，加强对高速公路桥梁施工管理，并保证各个环节安全，选择合理的方式施工，从根本上杜绝施工安全隐患对工程质量产生影响，提升管理质量。与此同时，积极对现有的高速公路桥梁进行加固维修，如加固混凝土墩台、加固混凝土结构、加固桥基础、加固桥面铺装层等，采取有效的措施进行处理，并消除道路中存在的裂缝，灵活应用新材料与新工艺进行处理，避免小病害变为大病害，提升高速公路桥梁质量。

综上所述，在当前的时代背景下，我国应加强对高速公路桥梁施工管理养护的重视力度，从整体上进行完善，制定合理的养护管理制度，定期进行高速公路桥梁质量检查，针对现有的病害应积极进行处理，避免其扩大影响。培养高素质人才，积极加大养护资金的投入力度，充分发挥出人才优势，以保证高速公路桥梁质量性能符合运行标准。

第三节　高速公路桥梁施工管理中裂缝的处理

针对高速公路桥梁施工管理中裂缝处理现状进行有效分析，结合高速公路桥梁工程实例，详细介绍妥善处理高速公路桥梁施工管理中裂缝的重要性、高速公路桥梁施工管理中裂缝产生原因，提出高速公路桥梁施工管理中裂缝处理措施，希望能够给相关工作人员提供一定的借鉴。

最近几年来，伴随我国高速公路桥梁工程建设数量的不断增多，高速公路桥梁施工管理中的裂缝处理问题越来越突出，为了保证高速公路桥梁中的裂缝得到更好的处理，延长高速公路桥梁的使用寿命，工程中的施工管理人员要结合高速公路桥梁裂缝特点，不断引进先进的裂缝处理方法进行处理，进一步提升高速公路桥梁结构的稳定性与安全性，防止高速公路桥梁工程出现结构失稳现象。鉴于此，本节主要分析高速公路桥梁施工管理中的裂缝处理要点。

一、妥善处理高速公路桥梁施工管理中裂缝的重要性

在高速公路桥梁施工管理过程中，通过妥善处理裂缝，能够保证道路车辆能够更加安全地运行，有效减少道路交通安全事故的发生。为了保证高速公路桥梁施工管理中的裂缝得到有效处理，施工管理人员需要结合高速公路桥梁结构特点，合理控制交通荷载，在保证道路车辆稳定运行的基础之上，减少裂缝的出现。由于我国高速公路桥梁工程的建设规模比较大，在一定程度上增加了施工管理难度，因此，工程中的施工管理人员要充分认识

到施工裂缝对高速公路桥梁的危害，对原有的裂缝处理方案进行优化，进一步提升高速公路桥梁结构的可靠性，满足人们的出行需求。

除此之外，通过妥善处理高速公路桥梁施工管理裂缝，能够有效降低高速公路桥梁工程施工风险的发生概率，保障施工人员的人身安全。在高速公路桥梁施工管理过程中，由于施工方法不合理，高速公路桥梁表面很容易出现较大裂缝，降低高速公路桥梁结构的承载能力，影响道路车辆的正常运行。通过对高速公路桥梁施工管理裂缝进行妥善修复，能够有效减少道路交通安全事故的发生，保证道路车辆能够安全运行，提升高速公路桥梁工程的总体效益。

二、高速公路桥梁施工管理中裂缝产生原因

（一）高速公路桥梁载重较大

如果高速公路桥梁的载重过大，不仅会降低高速公路桥梁结构的可靠性，而且很容易引发严重的裂缝，影响道路车辆的安全行驶。在高速公路桥梁工程当中，由于工程的建设施工规模比较大，需要的施工材料较多，施工管理难度大，如果施工现场中的施工材料堆积过多，高速公路桥梁工程很容易出现载重较大现象，从而产生较大的结构裂缝，影响高速公路桥梁施工管理工作的顺利进行。另外，在高速公路桥梁施工过程中，如果施工设备载重较大，会引发严重的结构裂缝。为了有效减少高速公路桥梁施工管理裂缝的出现，工程中的施工管理人员要严格控制路面载重，做好施工现场材料布局工作，预防施工管理裂缝的产生。

（二）施工现场管理体系不完善

如果高速公路桥梁施工现场中的管理体系存在较多缺陷，施工人员经常踩踏各项施工设备，高速公路桥梁很容易出现负荷裂缝，降低高速公路桥梁结构的安全性。因此，想要有效减少高速公路桥梁施工管理裂缝的出现，工程中的施工管理人员应对原有的管理体系进行完善，并结合各项施工材料的使用情况，做好施工现场材料布局工作，保证高速公路桥梁工程施工现场各项材料得到高效应用。例如，在某高速公路桥梁工程当中，施工管理人员通过对原有的施工管理体系进行改进，认真检查混凝土、钢筋等施工材料强度，能够有效减少施工管理裂缝的产生。

（三）施工人员的安全意识较差

由于高速公路桥梁工程中的施工人员安全意识比较薄弱，会影响高速公路桥梁工程的整体施工质量，降低工程经济效益。由于高速公路桥梁工程的施工规模不断扩大，施工现场的施工人员数量较多，使得施工管理难度不断加大，再加上部分施工人员的安全意识较差，会降低各项施工材料的使用率，延长工程整体施工周期。为了保证高速公路桥梁工程中的施工管理裂缝得到妥善处理，施工管理人员要定期对施工人员进行安全培训，有效减

少施工管理裂缝的出现，提升高速公路桥梁工程的施工质量。

三、高速公路桥梁施工管理中裂缝处理措施

（一）工程概况

某高速公路桥梁工程全长为500m，工程结构比较复杂。由于该高速公路桥梁工程施工规模较大，增加了工程的施工管理难度，为了有效减少施工管理裂缝的出现，施工人员要运用合理的裂缝预防措施，结合高速公路桥梁结构特点，不断引进先进的施工工艺，保证高速公路桥梁工程结构更加可靠。

（二）裂缝预防措施

高速公路桥梁施工管理裂缝预防措施如下：

第一，对高速公路桥梁工程中的结构负荷进行规范设计与管理，并结合高速公路桥梁的承载能力，选择相应的施工材料，保证高速公路桥梁施工负荷得到更好的控制，减少施工管理裂缝的出现。在高速公路桥梁施工管理过程中，管理人员要结合荷载的布局情况，将荷载进行合理的分配，有效避免超负荷现象的发生，减少负荷裂缝的出现。由于该高速公路桥梁工程结构比较复杂，在进行结构负荷管理时，管理人员要结合高速公路桥梁施工进度，适当引进先进的施工工艺，为施工人员提供良好的技术支持，有效提升高速公路桥梁的承载能力，减少负荷裂缝的产生。

第二，严格控制高速公路桥梁施工材料，如果高速公路桥梁工程中的混凝土、水泥等施工材料管理不到位，在施工的过程中，很容易出现热胀冷缩的现象，引发严重的温度裂缝，降低高速公路桥梁工程结构的稳定性。因此，工程中的施工管理人员要严格控制各项施工材料质量，并做好相应的筛分工作，进一步提升高速公路桥梁工程的施工强度。

第三，高速公路桥梁工程中的施工管理人员要适当加大施工环境管理力度，根据相关研究表明，通过对高速公路桥梁施工环境进行有效的管理，能够有效预防施工管理裂缝的产生。在高速公路桥梁施工过程当中，施工管理人员要对施工现场环境进行科学管理，允许施工人员在高温环境下向混凝土中加水，保证混凝土中的水分得到有效补充，减小外界环境条件对工程施工质量的影响，避免高速公路桥梁表面出现较大裂缝。

（三）裂缝修复措施

通过对高速公路桥梁裂缝进行有效修复，能够更好地提升高速公路桥梁结构的完整性，保证高速公路桥梁能够更好地投入到使用中。高速公路桥梁裂缝修复措施如下：

第一，合理应用内部灌浆法，对高速公路桥梁裂缝进行修复。施工管理人员在实际工作中，一旦发现裂缝，可以安排施工人员在裂缝内部灌入一定量的水泥砂浆，对裂缝边缘进行妥善处理，做好裂缝口封堵工作，进一步提升高速公路桥梁施工管理裂缝的修复效果。

为了保证灌浆法得到有效应用，施工人员需要合理选择裂缝修复浆液，保证高速公路桥梁裂缝面与浆液有效结合。

第二，对于高速公路桥梁表面的细微裂缝，如果采用灌浆法，则会降低裂缝的修复效果，因此，施工人员要结合高速公路桥梁表面细微裂缝的分布情况进行合理的修复，可以在裂缝表面贴补混凝土，由于混凝土具有良好的防水性能，将其贴补到裂缝表面，能够将空气与裂缝阻隔开，对高速公路桥梁结构整体性起到良好的保护作用，有效提升高速公路桥梁裂缝修复效率。

第三，针对高速公路桥梁荷载裂缝，施工人员要采用先进的裂缝修补方法进行修复，可以采用预应力法与结构固定法进行修复，保证高速公路桥梁外观的美观性，提升高速公路桥梁结构的可靠性。如果高速公路桥梁荷载裂缝比较大，施工人员也可以采用锚固补充法进行修复，先对高速公路桥梁裂缝结构进行锚固，再对高速公路桥梁表面进行裂缝修复，有效提高高速公路桥梁工程的施工强度。

本节通过详细介绍裂缝预防措施、裂缝修复措施实施要点，能够帮助高速公路桥梁工程中的施工管理人员更好地了解裂缝分布特点，提升高速公路桥梁裂缝的修复效果。对于高速公路桥梁工程中的施工管理人员而言，要不断学习先进的裂缝修复方法，提升自身的施工管理能力，保证高速公路桥梁工程中的裂缝得到妥善处理，从而推动我国高速公路桥梁工程的稳定发展。

第四节　高速公路桥梁施工管理工作的研究

近年来，我国的经济飞速的发展。在现代的经济发展中，交通运输和物流发挥着重大的作用。交通运输离不开高速公路桥梁的施工，完善合理的道路就像血管一样为各个地区输送着新鲜的血液。为了保障国民经济的发展，促进社会的进步，保质保量地完成高速公路桥梁的施工就变成了非常重要的事情。另外，施工的速度和成本的控制在工程量巨大的今天也需要控制，综合来看，在施工的过程中，技术固然重要，但是管理对于工程的整体也是至关重要的。下面就结合工作中的实际经验，介绍一些对于高速公路桥梁施工管理的研究。

一、工程项目的整体管理

目前的工程项目都是一些庞大的任务，必须要有科学的管理，以前很多盲目的管理，对于工程的整体规划还有一些不和谐的因素。对于工程项目的整体管理，分为三个部分来执行是比较合适的，分别是整体的规划、分阶段的目标制定以及施工过程的进度监督这三个部分，下面具体地介绍一下。

（一）工程项目的计划制定和综合协调过程

随着工程工作量的加大，项目涉及的部分也在不断地增多。如何把众多的部分整体协调地调动起来，以最大的效率完成整个的工程项目是管理工作的重要内容。在科学协调管理的方面，需要有两个方面的注意事项：一是要有一个整体的管理框架，根据以前的施工经验和项目的具体工作内容，实事求是地做好整体的框架安排，明确各个部分的责任和协调工作的流程。这是管理过程最基础的部分；另外一个方面是，现在的工程涉及的影响因素非常多，任务目标的规划不能死板，否则一个部分出现问题会影响整个工程的进度和质量。为了解决这个问题，在管理的时候要有一定的灵活量，方便基层的管理人员根据情况及时地做出调整。为了协调各个部门之间的工作，在材料、劳动力、设备的管理方面都要做好相应的安排。

（二）工程项目各个阶段的任务规划

要想做好一个项目，必须要注意细节。上边提到的是宏观的安排和部署，但是在实际的过程中，都是由一个个的小目标组成的。第二部分就是工程项目各个部分的规划。在项目中，一般是分为施工准备、施工过程、竣工验收以及交接后的质量保障这几个部分。在各个阶段的维护中，要从项目的具体内容出发，结合管理经验，将工作的内容具体化，不能是一带而过的安排。对于工作的细节作出部署，人员的职责上精确到人，每项工作都要有指定的责任人。在各个部门职责的安排上，要适当地做好分配工作，既要方便施工也要各个部门之间相互制约和监督，避免责任事故的发生。最后，要设立相关的责任监督和信息反馈机制，要根据出现的问题及时地在管理方面做出调整。

（三）工程项目的过程控制和进度的监督

一个完美的部署如果没有可靠的执行也是不行的，所以第三个部分是施工过程的监督和管理。在这个部分也是两个方面的重点：一是要管理施工的进度。工期在施工的管理中是一个非常重要的方面，分阶段地做出监督，避免到最后的时候发现不能竣工。二是要监督施工过程中工程完成的质量。施工的过程是环环相扣的，路基的环节出现问题，必定会影响工程的整体质量，轻的话会造成工期的延误，严重的时候会导致出现后果比较严重的责任事故。管理工作的内容是需要及时地了解工程的进展和完成的质量，保障完成的部分都是合格的。在施工的过程中如果出现图纸变更这样的情况，需要及时联系，对于原材料的供应等问题都需要妥善地解决。

二、高速公路桥梁施工的质量控制和管理

施工的最终目的是建成一定规格质量的工程，更好地服务社会。所以工程的质量必须要切实保障。不能以牺牲工程的质量为前提来加快工程的进度。

（一）施工前准备工作的质量控制

施工的管理者不是施工的执行者，所以在施工前的准备工作中要做好精神的传达工作。强化工人的责任意识和质量意识。从中层管理到基层管理和施工的工人，每个人都要牢固树立质量意识，在施工的过程中不能怕麻烦而偷工减料。对于全员的质量教育工作一定要保障到位。

（二）施工过程的质量控制

对于管理工作而言，施工过程的质量控制是两个方面的内容。一方面，管理工作要有一个合理的规章制度。没有规矩不成方圆，在工程的开始就要制定相关的规章制度，在没有特殊情况的时候，要按照制定的规章制度办事。质量保障制度的建立是保障质量的先决条件。另一个方面是要落实制定的规章制度。不执行的规章制度和废纸是没有区别的，在施工的过程中，安排不定期的抽查，结合定期的检查，并安排一定的奖罚制度，可以保障规章制度的可靠执行。

（三）施工进度的控制

施工进度的控制是保障工期的一种重要方式。在施工进度的控制问题上，要根据现场的情况，定时跟踪工程的完成情况，核实工程的完成情况和质量，在一定的限度内，要尽量增加检查的频率，这样方便及时发现问题。当进度偏慢或者质量不达标的时候，要和相关的技术人员及时开会讨论解决的办法。合理地调度保障工程的进度。

（四）施工成本的控制

施工单位作为企业，完成工程的最终目的还是要有一定的盈利。为了竞标要压低价格，所以如何科学地降低成本成为增加盈利的一种重要方式。下面分为三个方面，详细地介绍一下。

1. 在施工工艺和工序的安排上做文章

在科技发展迅速的今天，施工工艺的发展和工序的改善取决于科技的进步。一般情况下，运用先进的施工工艺和合理的工序，在一定的程度上可以降低施工的成本。这样要求在施工的时候要尽量关注科技的发展，利用新型的技术，采购一些效率比较高的设备，这都是降低成本的方法。

2. 在施工的进度和质量上做文章

施工的进度和质量的保障也是降低成本的方式。在较短的时间内完成一个项目可以让企业投入到其他的项目中去，另外，以较短的时间完全可以降低工人的成本，工人的工资一般是按照时间结算的，所以，时间越短，工人的工资部分就越少。此外，如果工程的质量得到了保障，就没有重新施工和修复工作，这也是降低成本的方法。

3. 在原材料方面做文章

原材料的开支是工程开支的一个重要方面，要想办法降低原材料的价格。在购买原材料的时候要货比三家，选择质量合格而且价格低的厂家购买。在原材料的使用和运输过程中，要尽力减少浪费，适度地减少原材料的用量，这就可以节省出一部分钱来。

三、施工过程的安全管理和控制

最后一个部分是至关重要的一部分，就是安全生产。安全生产是我们提倡的一种理念，为了保障安全生产，要做好以下几个方面的工作：①做好足够的安全教育工作，不能有麻痹大意的心理。②在醒目的位置悬挂警示标语，时刻提醒工人注意安全。③根据施工的具体情况，安排合理的制度和工序，确保在正常施工的情况下不会发生安全事故。④设立适当的监督，及时发现危险，防患于未然。

高速公路桥梁的施工管理非常重要的，管理是一个涉及方方面面的问题。根据现场情况的反馈，管理的手段和方式内容也需要不断完善，做到与时俱进，适应时代的发展。作为管理者也要不断地研究学习，以更加完善的管理来面对可能发生的问题。

第五节　高速公路桥梁施工管理的优化

截至目前，受经济发展水平迅猛增长的影响，我国城市化进程不断加快，与此同时，也带动了交通运输行业的快速发展。在此基础上，促进了我国交通建筑行业的发展，包括高速公路桥梁建设的发展。从某种角度来看，建设高速公路桥梁工程是很重要的，就人类出行来看，对人类出行交通方面起到了很大的积极作用。另外，高速公路桥梁的良好的发展态势也间接地反映了我国城市化进程的加快，以及人民生活水平的提高，甚至反映了我国国民经济发展水平的提高。所以，在高速公路桥梁施工工程进行工作之前，每个单位或者每个企业都应有充足的准备工作，在准备期间应提早掌握各种情况，并且提前做好准备，制定好合理的策划。在施工之前就制定出一个好的策划是必不可少的，这有利于施工工作的顺利开展，同时，也促进施工更好地进行下去。一份优秀的策划不仅有利于施工的顺利开展工作，同时，在施工过程中，也能最大限度地为企业施工节约成本，提高资源利用效率，为企业减轻经济负担。做好之前的策划准备工作后，就要考虑施工进行过程中出现的种种问题了，在施工进行过程中，要仔细做好监督工作，合理针对具体情况，制定出不同的详细的解决措施。

一、影响因素

（1）首先，施工过程中会受到施工所需用到的材料问题影响。不管进行什么工作之前，都应在材料准备工作上多下功夫，在施工工作开展之前，应仔细认真地妥善选择好所需的材料器材，尤其是用于建筑的材料的选择。如果前期在建筑上材料的选择出现了问题，质量不能得到很好的保障的话，那么建筑物或者说是高速公路桥梁的建设一定不会符合国家的标准，从而出现不合格的情况。就当前情况来看，单从我国来看，我国建筑行业市场提供的供施工使用的材料普遍不太合格，且有很多产品不符合国家标准，存在着或多或少的质量问题。以市面上经常出现的瘦身的钢筋材料为例，经过特殊处理的钢筋在其外形上是达到了要求的瘦身处理，但也存在着严重的质量问题，一旦投入使用，势必会引起严重的后果。如果企业在选择材料上盲目选择不考虑质量问题，就会直接影响后期高速公路桥梁工程的整体效果，严重情况下会导致工程因质量问题出现重大事故，造成无法挽回的损失。

（2）受人为原因的影响。在人为方面出现问题的话，主要问题将会出现在高层指挥人员，行政监督人员，以及施工工人身上。在这些与建筑施工息息相关的人身上，有很多人并不懂工程的具体事项，只凭感觉进行工作，普遍会出现专业素养低的情况，从而造成工程施工进展缓慢甚至出现问题。近年来我们国家的建筑施工工程行业不断出现问题或者故障，在很大程度上是由于相关的工作人员，管理人员，执行人员普遍专业素养偏低导致的。就施工的工程管理人员来说，他们在工程施工过程中起着较大的影响作用，他们专业素养的高低也很大程度上决定了工程是否可以顺利完工，以及工程是否能够安全高效地进行下去。

（3）受机器设备影响程度较高。就企业在选择工具来看，机械设备的选择是不可避免的。在很大程度上，选择良好的机械设备能够极大地促进工程的进展。这是因为优秀的机器设备不仅自身具有较高的工作效率，而且工作过程时间较为节约，促进了过程进展。但是，对于机械设备的使用方面，也要注意很多的问题，首先，机械设备不同于人工的方便管理，在一定时间内，要对其进行检查维修工作。另外，在平时的使用过程中也要注意及时保养工作，保证机械设备完好无损以便下次使用。

（4）受外界环境影响。受外界大自然环境的影响，施工队在进行高速公路桥梁的施工过程中需要面临很多的考验与挑战。首先就是受到自然环境的影响，在自然风吹，日晒，雨淋等环境的影响下，加大了施工的难度。

二、主要解决措施

（一）对混凝土的标准进行严格要求

最重要也是最先进行准备的工作是要仔细选择施工需要的混凝土。在选择过程中要仔细考虑到混凝土中水泥的质量情况。在满足其标准的同时，尽量选择质量较高的水泥用于施工过程中。第二，在施工进行的过程中，相关工人必须按照强度等级抗渗等级配比混凝土，还要充分控制好混凝土入模时的温度，进行分层浇筑以及设计合理的养护措施，通过在混凝土表面覆盖草席草帘等确保降低温度应力，避免混凝土出现温度裂缝；再次，在浇筑混凝土时一定要振捣充分，尤其是腹板内预应力管道比较集中的地方更要做到不欠振不漏振，确保混凝土浇筑密实。

（二）质量工作要严格把关

第一，施工企业在开始施工之前应提前做好准备工作，在施工之前做好勘探测量的准备工作。在进行放线去确定位置的步骤时，不能出现错误以及大的误差，在进行过程中，尽量做到准确严密，避免因过大误差引起工程差错。在进行高速公路桥梁架设工程时，首先要进行建设桥墩；其次，由于桥梁结构形式很多，设计好桥面的位置以及平整程度，着重对桥面工作进行处理。这个过程对工人的技术要求比较高，对其技术能力考验较大，因此，这就要求工人拥有良好的专业技能以及能够进行较高难度的操作。所以，施工企业在施工过程中必须一定要认真准确地按照设计进行行动处理，从混凝土的振捣、养生到预应力的张拉等都要严格管理和控制，以确保桥梁结构的承载能力。另外，还要着重注意桥梁外观的美观平滑，不能出现由于施工手段的缺陷或混凝土振捣不均而引起的外观质量欠缺。

高速公路桥梁的设计工作以及施工过程还需要更完善处理，同时，也需要更好地优化措施，从而更好地促进工程建设以及社会的城市化进程。

第六节 高速公路桥梁施工管理控制要点

在论述高速公路桥梁项目控制要点的基础上，结合实践经验和高速公路桥梁的施工与使用要求，分析高速公路桥梁施工管理要点，提出包含加强施工安全管理、构建完善的质量保证体系、加强质量控制管理、优化施工环境条件等在内的具体措施，以促进公路建设持续发展。

高速公路桥梁是公路工程的重要组成部分，也是常见的混凝土工程类型之一。如果高速公路桥梁施工管理不到位，则容易产生裂缝等一系列问题，不仅影响桥梁质量，还有可能引发安全事故。因此，必须对桥梁施工管理给予足够重视，根据桥梁施工特点，明确施工管理的要点和方法。

一、高速公路桥梁项目控制要点

（一）进度控制

施工前项目部需对工期进行倒排，同时制订进度计划表，明确施工主要线路与影响进度的重点工序，将二者作为进度控制的关键。施工中，严格按照进度计划进行操作，编制完善的阶段性计划网络，并对计划完成情况进行检查。

（二）技术管理

高速公路桥梁的施工技术要求很高，并且在施工中还需充分考虑地形、地质与气候等外界环境因素，通过技术调整克服各种施工难题，这对顺利完成项目十分重要。基于此，项目部需要成立一个专门的技术攻关小组，一方面根据工程实际情况，结合桥梁设计和使用要求，制订合理的技术方案，为施工提供可靠技术支撑；另一方面要始终坚持创新，改进现有施工技术，推广新技术，全面提高施工技术水平。

（三）质量控制

质量控制是高速公路桥梁项目控制的关键所在，如果施工中缺乏有效的质量控制，极有可能造成裂缝等质量问题。以裂缝为例，裂缝在高速公路桥梁等混凝土工程中十分常见。裂缝一旦出现，不仅降低混凝土强度，缩减承载能力，而且在持续受力状况下还会造成变形、坍塌等事故。但混凝土裂缝如保持在标准限度以内，则不会对结构性能造成太大影响。

混凝土裂缝成因有以下几种。

（1）材料存在质量问题，如水泥标号过低，存放时间长，导致水泥发生变质，或受潮导致性能降低；骨料质量低下，为降低施工成本，对骨料实行就近开采，未经检验直接在施工中使用等。

（2）混凝土配比不合理，存在较大随意性，仅凭借个人经验未能按照规范的要求实施配比操作。

（3）浇筑施工中未对混凝土进行有效振捣，或振捣过猛，导致浇筑不均匀，骨料集中、沉塌，而且在养护以后还会出现麻面与蜂窝。

（4）浇筑完成后，水泥放出水化热致使内温急剧上升，热量无法排除造成较大内外温差，形成温度应力，当温度应力超过混凝土极限后就会出现温度裂缝。

为了避免裂缝问题的发生，必须强化质量控制工作。首先，做好原材料的抽检工作，材料进场前后都要进行抽检，未经抽检或抽检不合格的材料禁止进场使用，以此避免因材料问题引发的质量问题；其次，项目正式开工以后，项目部需将工程目标作为指引，逐步形成以优质、安全和高效作为核心的指导思想，开展质量控制活动；最后，还需建立一套系统的质量与安全管理体系，完善管理制度，以确保工程质量。

（四）安全控制

构建一个以项目经理为核心的施工安全领导小组，根据项目施工实际情况采取有效的安全技术措施，同时对可能形成危险源的施工环节进行准确评估，在施工中严格把控安全。要将施工安全放在重要地位进行管控，确保安全施工方面的费用专款专用，通过培训与教育，使全体工作人员都树立良好的安全意识，避免不规范操作的发生。

二、高速公路桥梁施工管理要点及措施

（一）加强施工安全管理

（1）确保施工组织安排的合理性，避免施工人员超负荷工作。高速公路桥梁施工人员本身工作强度较大，如果施工安全组织不合理，使人员长时间超负荷工作，将造成安全隐

患。对此，可采取轮班制的组织方法，在不影响正常施工进度的同时，确保上岗的施工人员精神状态饱满，从而避免由于人员过度劳累造成的安全隐患。

（2）加强技术培训和职业规范教育，提升全体施工人员专业素质，强调施工操作规范性对确保施工安全和避免安全隐患的重要性，以此减少人员误操作等原因引发的安全问题，并起到加快进度的作用。

（二）构建完善的质量保证体系

（1）施工质量与人员息息相关，施工单位可采取完善的奖罚制度的方式来激发员工工作积极性，严厉处罚施工中可能影响质量的行为，如违规操作、擅离职守与偷工减料等；而对工作态度积极，并能按要求严格落实质量保证措施的员工，则要给予适当奖励。

（2）除施工人员以外，各类机械设备也是影响施工质量的关键要素，所以必须做好养护与维修工作。机械设备养护、维修虽然由专业机修人员负责，但机械设备的操作人员也要给予充分配合，在操作机械设备时认真观察，若发现异常，应及时上报，以此避免质量问题的发生。

（三）加强质量控制管理

（1）发挥试验检测对质量控制的重要作用。施工中，应在施工现场建立一个完善的驻地实验室，同时配置各类试验仪器与专业试验人员。实验室需要实行制度化管理，健全报告反馈制度，将试验数据作为依据确保施工质量。

（2）强化施工验收。工程监理应充分发挥作用，强化施工检查验收，按照技术规程组织施工，每道工序完成以后，需在检查确认合格后才能进行下一道工序，做好工序交接记录。深入分析实际存在的问题，对已经完成的分项要在自检以后转交至监理方进行二次审查。

（四）优化施工环境条件

1. 采光照明方面

高速公路桥梁施工露天作业，白天可借助自然光进行施工，无须设置额外照明设备，但要注意在关键部位和危险部位设置醒目的识别标志；夜间若有施工任务需配置充足的临时照明设备，施工前进行照度检测，检测合格后即可安排施工。

2. 环境温度方面

夏季时，应尽量避免在中午、下午等高温时间段施工，将一天内主要的施工任务安排在早晨和傍晚进行，以免在高温环境下作业导致施工人员中暑，引发安全问题。冬季则与夏季相反，应将主要施工任务安排在高温时间段进行，并且当环境温度低至不适宜施工时，应临时停止施工直到温度升高后继续施工。

3. 现场环境方面

高速公路桥梁施工现场不仅有大量施工人员、车辆、设备与材料，而且施工中还会产生飞尘与噪声，导致现场环境十分恶劣。为了降低现场环境对施工人员造成的不利影响，确保施工质量和安全，一方面要加强现场环境管理，另一方面要做好施工人员安全教育，佩戴安全帽等防护装备，并通过技术改进减少飞尘与噪声。

高速公路桥梁作为典型的混凝土工程，容易出现裂缝等质量问题，此类问题虽然和施工有直接关系，但基本上都是由于施工管理不到位造成的，尤其是缺乏有效的质量控制。对此，在高速公路桥梁施工中，首先要明确项目控制的重要意义，认清施工管理的各项要点，然后采取有效措施全面强化施工管理，从而在确保进度、安全的基础上提高施工质量。

第七节　高速公路桥梁施工管理养护及加固维修技术

近些年我国交通事业发展加快，现代化交通量逐步增加，交通荷载不断扩大，对高速公路桥梁承载力提出了更多更高的要求。所以当前强化高速公路桥梁施工管理养护以及维修加固是相关部门关注的重点问题。在施工管理以及加固维修过程中，相关施工部门要全面掌握高速公路桥梁基本现状，针对性应用不同施工技术与加固措施，提升高速公路桥梁施工安全性，提高高速公路桥梁结构稳定性，保障当地交通运输事业能稳定发展。

我国道路建设在最近几年发展非常迅速，然而国内不少的公路桥梁已经出现了损坏，对行车产生的影响非常大，除了导致舒适性降低外，交通安全也难以得到切实保证。

近些年我国城市化进程逐步加快，高速公路桥梁工程施工建设范围在逐步扩大。在公路基础项目建设中高速公路桥梁是重要组成部分，其长期应用中受到外部荷载作用以及环境要素等影响，其应用质量逐步降低，对交通运行安全性具有较大负面影响。通过规范化的高速公路桥梁施工管理养护与加固维修能有效提升桥梁安全性，对广大群众人身安全构成有效保障。公路桥梁在应用中会发生不同问题，因此必须要在保证结构稳定的前提下，完成结构检测工作。对工程进行养护时，必须要对项目成本予以重点关注，确保施工管理能够真正落实到位。在当前时期，公路桥梁建设的具体要求提高了很多，管理养护、加固维修则是其中的重点所在，同时也是全面提升项目安全性的重要保障。

一、高速公路桥梁施工管理养护特点

从高速公路桥梁施工管理养护现状来看，在公路桥梁设计过程中需要拟定规范化设计标准。在高速公路桥梁工程养护阶段，养护操作具有强制性特征，高速公路桥梁项目建设在现有交通运输网中占有重要位置，所以项目养护过程中要严格遵循各项规范化要求。公路桥梁在施工管理养护过程中，养护对象较多，具有广泛性与全面性特征。要对道路以及桥涵多个结构进行养护管理，还要对项目诸多服务性设施进行养护。在养护中各项措施应用具有主动性与时效性特征，需要严格依照规定操作程序进行控制，其次养护技术应用专业性较为突出，在各类新材料与新技术工艺应用中，各项综合性养护成本较高，对施工技术人员与管理人员综合素质具有较高要求。

二、高速公路桥梁施工存在的不足

众所周知，高速公路桥梁施工呈现出明显的综合性特征，整个施工的周期是较长的，所要投入的资金也很大，要依据施工需要选择最为合适的施工技术，对施工质量展开有效的管控，如此方可使得施工质量、施工效益得到切实保证。然而从施工的现状来看，有些施工人员的责任意识是薄弱的，管理制度形同虚设，这就导致施工效果无法达到预期。

（一）管理技术不足

在高速公路桥梁施工的过程中，相关的管理工作是不能有丝毫懈怠的。然而从施工的现状来看，有些人员的责任意识十分薄弱，有些施工单位并未构建起可行的管理制度，管理技术的应用也不到位，这就使得施工管理呈现出无序的状态，工程质量也就无法得到保证。

（二）养护技术不足

在出现质量病害时，要在第一时间进行修复，同时要将养护施工予以有效落实，这样才能确保高速公路桥梁的结构更为稳固。然而有些养护单位对于管理是不够重视的，从事养护工作的相关人员也未掌握专业知识，还有就是投入到养护施工中的资金无法满足需要，这就使得养护施工的水平难以达到预期。

（三）加固维修技术不足

质量病害的修复、加固是十分必要的，若想使得修复工作有序展开，从事养护维修工作的相关人员就必须要具备一定的综合技能。然而不少的维护人员并未掌握维修技术，这就使得加固维修的实际效果无法得到保证，这样一来，质量病害的修复效果也就难以达到预期，高速公路桥梁的实用性也就变得较为低下。

三、公路桥梁加固维修策略

（一）桥体裂缝处理技术

在高速公路桥梁施工的过程中，细小的裂缝是较为常见的，如果施工人员对此不够重视的话，那么在投入使用后，在自然因素、车辆运行的影响下，裂缝就会变大，严重时还会发生断裂。所以说，必须要对桥体裂缝予以重点关注，并采用可行的技术进行处理。首先要通过喷涂的方法对表面进行处理，并使用具有一定伸缩性的材料对裂缝予以涂抹，这样可避免雨水造成严重的侵蚀。在对细微的裂缝进行修复时，此种方法是较为适合的，也就是通过黏度较高的浆液对裂缝表面进行喷射，这样就能够形成保护层，实现裂缝的修补。其次可采用注浆、填充法，如果裂缝较大的话，采用表面处理法难以取得理想效果，就要通过注浆、填充的方法来进行处理。一般来说，用于填充的材料主要是水泥材料、抗氧化树脂材料等。再次是要使用黏结钢板封闭法，桥体产生主拉应力裂缝，导致结构变得不够稳定，在对其进行处理时，就可通过黏结钢板来予以加压处理。

（二）加固混凝土结构

在展开混凝土结构施工的过程中，要将损害混凝土予以清除，如果损害面积较大的话，应该使用高速射水法，并通过黏结材料来予以封涂处理。如果损害面积不大的话，应该通过手工方式来进行清除，锈蚀钢筋的处理一定要做到位。如果损害面积很大，而且呈现出一定的深度，对缺损部位进行清理时，要将手动、气动这两种方法结合起来，也就是先完成清洗，继而修补缺陷的部位。

（三）加固墩台基础

对墩台基础进行加固时，要依据实际情况来进行维修。如果水位在 3 cm 以上，要对可能出现的损害展开排查，如果深度在 3 cm 以下，则通过套箱来完成修补。墩台采用的是刚性基础，应该要对基底的底部予以适当增加，对墩台主体进行加固时，则应该在上部、中部以及下部加设三道混凝土围，从而使得主体变得更为稳定。

（四）桥梁加固技术

为了及时地修补公路桥梁的裂缝现象，应该对其表面进行处理，在裂缝表面涂抹填料以及防水材料，提高其防水性，延长其使用寿命。另外，对于宽度较大的裂缝，可以采用有伸缩性的材料进行填补，也可以采用注浆的办法，在裂缝内注入树脂或者是水泥类的材料，加固桥梁，以提高公路桥梁的承重能力。

（五）基础加固维修技术

保证高速公路桥梁基础牢固是非常关键的内容。因此，应该重视桥梁桩基础维修加固，注重施工现场勘查，掌握现场施工基本情况，严格按要求进行施工和维修加固。施工过程中应该把握质量控制和技术要点，保证原材料质量合格，增强桩基础的稳固性与可靠性。对存在的质量缺陷，有必要及时采取加固维修措施，最终保证桥梁基础牢固与可靠，让高速公路桥梁工程更好运行和发挥作用。

四、公路桥梁施工管理与养护技术

（一）完善施工养护制度

制定健全的养护制度，为有效开展高速公路桥梁养护施工提供指引。明确养护人员具体职责，增强他们的责任意识，促进高速公路桥梁养护施工水平提升。

（二）加大养护资费投入

桥梁养护工程是维持桥梁正常运营，延长使用寿命的重要措施，各级交通主管部门需要投入一定的养护资费，其中，在每年的养护工作计划中，都要为桥梁的检查、维修和加固工作保留一定的资金，以备修缮需求。国家对桥梁工程投资重点的倾斜及工程项目集资渠道的多元化，能够为我国公路桥梁工程的发展提供有力保障。

（三）桥梁养护施工管理队伍建设

我国的桥梁养护队伍目前仍然不够成熟。工人的专业素质参差不齐，专业养护难以完全做到。因此，各级公路部门要高度重视起桥梁养护工作，针对养护具体需求培养专业的人才队伍，努力实现专业人员、专门程序和专用方法，将养护管理工作部署到位，能够及时发现和处理各种突发事件，组建一支专业的养护维修团队，能够对桥梁工程进行专业的日常养护，具备进行桥梁小修的能力，向能够进行中修和大修的方向努力。

公路桥梁的维护管理工作一直是桥梁工程关注的重点内容。公路桥梁的管理养护，需要定期对桥梁进行全面评估，及时发现和修缮桥梁病害，控制养护管理，降低养护成本，延长桥梁的使用寿命，确保桥梁工程的质量安全和使用性能。

第八节　预算定额在高速公路桥梁施工管理中的应用

对预算定额进行概述，分析了预算定额在高速公路桥梁施工管理中的应用，包括在合同、费用、进度以及质量管理等内容，指出了预算定额在高速公路桥梁施工管理应用过程中存在的问题，提出了几点建议，旨在提升高速公路桥梁施工管理水平。

在高速公路桥梁建筑工程项目施工过程中，对于建筑企业，整个建筑项目推进的最终目的是实现经济效益的增长。在这一基础上，要有效实现现阶段的建筑企业的施工目标，针对高速公路桥梁工程开展有效预算定额管理对建筑效益的增长有重要的促进作用。但是，在现有的高速公路桥梁施工管理过程中，预算定额管理过程中还存在很多不足之处亟待改善。

一、预算定额的概念

预算定额主要是指在高速公路桥梁工程的正常施工状态下，按照固定形式的计量单位进行工程项目的施工推进，从而得出最佳的分项工程所需的人工、材料、机械台班消耗和价值货币表现的数量标准。该标准的得出，在很大层面上为后续施工制图提供了数据支撑，从而整理出工程造价、劳动量、机械台班以及材料的具体使用量的相应定额。据此能够发现，预算定额的规划管理过程中，以高速公路桥梁为研究对象时，必须提前将人工、材料以及机械台班的具体使用数量计算出来，然后按照高速公路桥梁工程的相关施工要求将计算出的数据参数纳入预算定额管理内容中，编制为施工标准手册，该手册便是整个高速公路桥梁工程施工期间的作业参考依据。

二、预算定额在高速公路桥梁施工管理中的应用

（一）在合同管理中的应用

在高速公路桥梁工程中，合同管理工作的开展是其中一项十分重要的管理构成部分，该工作的推进，可以有效将工程项目推进过程中各项施工责任与权利义务划分清楚，从而大幅度降低违约事件的发生概率，更好地保护施工参与合作方之间的经济效益。在高速公

路桥梁工程的具体合同管理工作开展期间，首先要明确的是合同的定价，严格将合同中的管理规定内容落实到投标报价、工程分包以及外包工作中。同时，还应做好相应的市场调查工作，了解实际的建筑材料价格，借以降低工程的投资成本，在此期间，还要加强财务核算以及统计管理工作，控制高速公路桥梁的造价，防止资金浪费。

（二）在费用管理中的应用

在高速公路桥梁工程的费用管理过程中，作为施工方，应将预算定额的管理作用充分发挥到施工过程中，有效与工程的基本施工状况相结合，提前制定相应的成本、考核等计划，为后续工程施工提供便利条件。当然，在此期间，作为预算定额的管理人员，应详细调研在人工、材料以及机械方面的具体消耗数据，了解项目费用的应用去向，继而按照调查出的实际需求合理分配相关的费用支出。工程的总负责人还要重视预算定额的作用，通过该内容制定更加合理的人工、材料、管理等费用支出，实现对工程建设的全局管控。

（三）在进度管理中的应用

在高速公路桥梁施工管理过程中，开展有效的进度管理工作，不仅是对施工任务顺利完成的一种保障，同时也是提高工程效益的保证。此时，工程管理人员除了要先制定相应的施工进度计划表，还要将预算定额的作用融入计划中。具体而言，在施工管理期间，要通过预算定额方案的运用合理规划施工进度，工期发生变化时，要按照变化内容及时总结出相应的项目成本支出数额，并分析整理工期变化带来的各种影响。

（四）在质量管理中的应用

在高速公路桥梁工程的施工建设过程中，质量管理是整个管理工作的核心，而预算定额又是工程财务管理的重点，因此，从事预算定额的管理人员自身的能力水平成为制约预算定额管理的关键因素。为了有效提升工程施工质量，必须在确保成本最低的情况下，保证施工质量，此时预算定额管理方法的应用可以实现这一目标，也可以帮助工程质量管理人员更好地掌握工程的实际成本控制状况。

三、预算定额在高速公路桥梁施工管理应用过程中存在的问题

在高速公路桥梁的施工管理过程中，预算定额管理方案的应用，在很大程度上提升了整个工程项目的管理效率。但是，在实际的管理工作开展期间，施工人员责任心有待提高、自身技能水平不够都抑制了预算定额管理方案应用价值的发挥，其产生的问题主要表现在以下几个方面。

（一）预算定额处理能力有限

在高速公路桥梁工程施工前，工程设计人员进行预算定额的编制时，由于受到编制工作经验有限的影响，编制出的内容多数是从以往的施工案例分析中整合出来的，因此，过度注重既往案例的借鉴与考察结果。这种情况下编制出来的预算定额通常与工程的实际施

工内容、建设目标存在偏差，适应能力十分有限，最终导致工程造价控制工作的开展效果受到影响。

（二）现有监督管理体制不完善

按照我国现有的相关法律法规，在工程中标承接企业正式开展高速公路桥梁工程项目施工之前，必须严格按照工程的相关施工规范和要求，制定符合本工程的预算定额方案，借以提升对工程成本的控制效果。但是，部分企业为了在施工过程中获取最大的经济利益，实现净利润的增长，并未按照国家相关要求制定系统完善的预算定额计划书以及相关施工管理方案。同时，在部分高速公路桥梁工程的施工现场，缺少相应的施工监管体制，导致无论是施工管理人员，还是一线作业工人，均将效益获取放置在施工要位，从而罔顾对于施工质量的管控。

四、预算定额在高速公路桥梁施工管理应用问题的解决办法

（一）注重预算定额监督管理体制的完善

在高速公路桥梁工程的施工过程中，要充分提升工程管理工作的开展效率，为施工提供相应的安全保障和经济效益保证，重视工程项目的预算定额监督管理工作非常重要。在此期间，作为工程的管理人员，要充分发挥预算定额管理的作用，实时掌握工程的施工具体状况及施工技术应用效果，面对质量层面出现的缺陷问题，必须严格按照预算定额编制的内容进行整改。在控制施工进度的过程中，应高度按照工程预算定额编制的施工设计方案进行进度规划，确保工程按时完工。同时，作为工程预算定额管理人员，还应提升合同管理能力，严格履行自身的工程管理责任，降低施工索赔问题出现的概率，为项目工程施工降低损失。

（二）注重对材料成本的控制

对于高速公路桥梁工程，综合所有的施工成本，材料采购的成本占比约为总成本的60%，在这一基础上，为了确保工程的投建经济，提升建筑效益，作为工程的预算定额管理人员，要在施工现场做好相应的施工材料管理工作，杜绝材料浪费问题。与此同时，还应管控好相应的材料采购工作，提前进行材料市场价格调研，采购质量合格、价格低廉的材料，确保材料满足施工需求的同时，实现对施工成本的有效控制。

在结合具体施工项目的基础上，还应将预算定额管理方案有效融入管理过程中，借以提升对工程作业期间诸如合同、费用、进度等方面的工程管理水平，最终为我国整体的高速公路桥梁施工管理能力及水平优化奠定坚实的基础。